초등
문해력

교과
어휘가
답!

사회·과학 1단계

KB210223

서사원주니어

○ **3학년이 되면 어려워져요.**

    초등학교 3학년이 되면 1~2학년 때와 다르게 교과서 내용을 이해하지 못하는 학생의 수가 급격하게 늘어납니다. 그런데 중요한 건 이게 겉으로 티가 나지 않는다는 것입니다. 아이가 어련히 알아서 잘할 것이라는 낙관적인 생각으로 시간을 흘려보낸 다음, 4학년 2학기 무렵에 '어디서부터 잘못된 거지?'라며 후회하는 경우를 많이 봤습니다.

○ **새로운 교과서를 만나고, 교과 어휘도 많아지기 때문이에요.**

    교과서를 이해하지 못하는 학생의 수가 초등학교 3학년 때부터 늘어나는 이유는 무엇일까요? 첫 번째는 새로운 교과서의 등장입니다. 1~2학년에서는 '학교', '사람들', '우리나라', '나' 등 친근한 제목의 교과서를 배웁니다. 하지만 3학년이 되면 생소하게 느껴지는 '사회', '과학'이라는 교과서를 배우게 됩니다. 3학년 학생 중에는 교과명만으로도 정서적인 거부감을 느끼는 학생들이 많습니다. 두 번째는 급격하게 늘어나는 교과 어휘의 수입니다. 1~2학년 교과서에는 글이 별로 없습니다. 하지만 3학년에는 '유래', '답사', '핵가족', '대가족', '빗면', '완전탈바꿈', '고체', '대기'처럼 어려운 교과 어휘가 등장하고, 그 수도 절대 적지 않습니다.

○ **교과 어휘를 알아야 교과서 내용이 머리에 들어와요.**

    모르는 단어가 가득한 책을 읽는다고 생각해 보세요. 책의 내용을 이해할 수 있을까요? 아이들도 똑같습니다. 교과 어휘를 알지 못하면 교과서를 읽어도 그 내용을 제대로 알지 못합니다. 반대로 교과 어휘를 많이 알고 있는 학생들은 교과서 내용을 살짝만 훑어봐도 그 내용을 쉽고 빠르게 이해할 수 있습니다.

○ **교과 어휘 글쓰기, 교과 어휘를 내 것으로 만드는 가장 빠른 방법**

    문해력은 글을 읽고, 이해하는 능력만을 가리키는 게 아닙니다. 글을 사용할 수 있는 능력까지 포함하는 개념입니다. 머릿속에 오래도록 기억하고 싶다면 교과 어휘를 말하고, 글을 쓸 때 직접 사용해야 합니다. 그리고 이 과정을 반복해야 합니다. 그래서 이 책은 교과 어휘를 알려 주는 것과 함께 어휘를 이용하여 글을 써 보며 어휘의 의미와 쓰임을 학생들이 직접 익히는 형식으로 구성되어 있습니다.

저자 박재찬(달리쌤)

어린이 여러분에게

　이 책은 초등학생들이 다양한 교과 어휘를 재미있게 배울 수 있게 만들어진 책이에요. 어휘라는 말이 조금 어렵다고요? 어휘는 '단어'와 비슷한 말이에요. 여러분들은 '단어'라는 말을 익숙하게 생각할 거 같아, 이 책의 본문에서는 '어휘' 대신 '단어'라는 말을 사용하려고 해요.

　그동안 사회, 과학 시간에 어려운 단어들이 많아 수업 내용을 이해하지 못하는 때가 있었나요? 이제 걱정하지 마세요. 세상에서 제일 쉽게 교과 단어를 배우는 방법이 여러분을 기다리고 있으니까요.

○ 이 책을 통해 우리가 알 수 있는 다섯 가지는?

하나　무려 200개의 사회, 과학 교과 단어를 알 수 있어요.

둘　교과 단어가 교과서에서 어떻게 사용되는지를 알 수 있어요.

셋　교과 단어의 뜻을 알 수 있어요.

넷　상상력을 키워 주는 재미있는 글쓰기를 할 수 있어요.

다섯　상상 글쓰기를 통해 교과 단어를 내 것으로 만들 수 있어요.

○ 이 책은 어떻게 공부하는 게 좋을까?

언제?　10분에서 15분 정도 시간을 낼 수 있는 때라면 언제나!

어디서?　교실에서, 집에서, 학원에서 어디든!

어떻게?　교과 단어를 소리 내서 읽고, 초성 퀴즈를 풀고, 상상 글쓰기를 하기!

○ 교과 단어가 들어간 상상 글쓰기를 잘하고 싶다면?

하나　글쓰기를 하기 전에 어떤 내용을 쓸지 생각해 보세요.

둘　쓸 내용을 가족이나 친구에게 먼저 말해 보세요.

셋　교과 단어를 넣어 상상 글쓰기를 하세요.

넷　내가 쓴 글을 다시 읽어 보며 고칠 부분은 없는지, 교과 단어가 잘 들어 있는지를 확인하세요.

이 책의 활용법

딱딱해 보이는 사회와 과학 교과 단어를 쉽고 재밌게 배우려면 어떻게 해야 할까요? 선생님이 만든 4단계의 과정에 맞춰 그대로 공부하면 돼요. 단계별로 어떻게 공부하는 게 좋은지 살짝 설명해 줄게요!

아 참, 이 책에는 총 100개의 과가 있어요. 한 과당 2개씩의 교과 단어가 담겨 있고요. 그럼, 이 책을 모두 공부하면 교과 단어를 몇 개나 익힐 수 있을까요? 맞아요. 200개예요. 선생님이 설명한 4단계 공부법을 활용하여 꾸준하게 교과 단어를 익히고, 글쓰기를 하게 되면 200개라는 엄청난 수의 교과 단어가 여러분의 머릿속에 들어가 있을 거예요!

선생님이 멀리서 여러분의 꾸준함을 응원할게요.

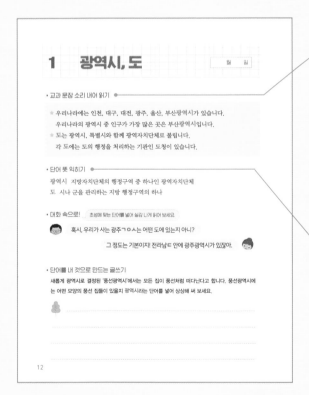

1단계 교과 문장을 소리 내어 읽어요!

책을 펼치면 두 개의 교과 단어와 그 단어가 들어 있는 네 개의 교과 문장이 기다리고 있습니다. 네 개의 교과 문장을 만나면 문장을 소리 내어 읽어 보세요. 목소리의 크기는 발표하는 정도로! 교과 문장을 소리 내어 읽다 보면 단어가 어떻게 사용되는지를 자연스럽게 알게 될 거예요.

2단계 단어 뜻을 익혀요!

단어의 뜻을 눈으로 읽어 본 다음에는 뜻을 보지 않고 단어의 뜻을 가족이나 친구에게 설명해 보세요. 이해하는 걸 넘어 설명할 수 있어야 진짜 내가 그 단어를 안다고 말할 수 있어요.

2 장소, 장소감

월 일

• 교과 문장 소리 내어 읽기

★ 우리 고장에서 가 본 적이 있는 장소를 떠올려 봅시다.
떠올린 우리 고장의 장소를 그림으로 표현해 봅시다.
★ 우리 고장의 공원에서 느꼈던 장소감을 이야기해 봅시다.
장소감에 따라 장소의 색깔을 다르게 표현해 봅시다.

• 단어 뜻 익히기
장소 어떤 일이 일어나는 곳
장소감 어떤 장소에서 떠오르는 생각이나 느낌

• 대화 속으로! 초성에 맞는 단어를 넣어 실감 나게 읽어 보세요.

나는 우리 집 앞 공원에만 오면 즐거운 ㅈㅅㄱ을 느껴.

공부 안 하고 두 시간씩 노는 ㅈㅅㄹ서 그렇게 느끼는 거지?

• 단어를 내 것으로 만드는 글쓰기
나에게 하루 동안 어디든지 원하는 장소로 순간 이동할 수 있는 능력이 생겼습니다. 어떤 장소에서 무엇을 할 건가요? 장소라는 단어를 넣어 상상해 써 보세요.

13

3단계 초성에 맞는 단어를 넣어 두 친구의 대화를 읽어요!

여러분이 좋아하는 초성 퀴즈 시간이에요. 두 친구가 주고받는 이야기를 살펴보며, 초성만 나와 있는 교과 단어를 완성하여 실감 나게 읽어 보세요.

4단계 단어를 내 것으로 만드는 글쓰기를 해요!

잘 몰랐던 단어를 내가 아는 단어로 만드는 가장 쉬운 방법은 그 단어를 이용해 글쓰기를 하는 거예요. 여러분이 재미있게 글쓰기를 할 수 있도록 초등학생들이 가장 좋아하는 상상 글쓰기 질문을 만들어 두었어요. 자유롭게 상상하며 3~4문장으로 네 줄 글쓰기를 해 보세요.

○ 이 책으로 신나게 공부하겠다는 나의 다짐을 써 보세요.

예
나 ○○○은 저녁을 먹은 다음 매일 10분씩 식탁에 앉아 교과 단어 글쓰기를 할 것을 약속합니다. 서명 : ○○○

나 _____ 은/는

언제 : _____

어디서 : _____

무엇을 : _____

약속합니다.

서명 : _____

5

친구들이 썼어요!

장소

나에게 하루 동안 원하는 장소 어디든지 순간 이동할 수 있는 능력이 생겼습니다. 어떤 장소에서 무엇을 할 건가요? 장소라는 단어를 넣어 상상해 써 보세요.

나에게 순간 이동 능력이 있다면 롤러스케이트장으로 순간 이동할 것이다. 그 장소는 나에게 재미와 행복감을 주는 곳이다. 거기에서 롤러스케이트를 넘어지지 않고 안전하게 탈 것이다.

_3학년 유정현

광역시

새롭게 광역시로 결정된 '풍선광역시'에서는 모든 집이 풍선처럼 떠다닌다고 합니다. 풍선광역시에는 어떤 모양의 풍선 집들이 있을지 광역시라는 단어를 넣어 상상해 써 보세요.

이곳은 내가 새로 입주하게 된 풍선광역시이다. 이곳 풍선광역시에서는 하늘을 떠다니는 집을 쉽게 볼 수 있다. "와! 열기구 모양의 집이라니!" 나는 감탄을 금치 못했다. 이곳 풍선광역시에서는 집을 원하는 대로 커스터마이징할 수 있어서 집의 모양이 다 제각각이다. 나는 내가 좋아하는 강아지 모양의 집으로 만들어야겠다.

_5학년 최여원

전설

우리 고장에 보물이 묻혀 있는 곳이 있다는 전설을 듣게 되었습니다. 전설이라는 단어를 넣어, 숨겨진 보물을 찾는 이야기를 상상해 써 보세요.

어느 날 보물이 묻혀 있다는 전설을 듣게 되었다. 정보를 듣고 열심히 찾아가 그곳에 도착했다. 땅속을 파 보니 반짝반짝 빛나는 보석이 있었다.

_3학년 박이현

비용

우리 반 선생님께서 만 원이라는 비용을 이용하여 편의점에서 마음껏 쇼핑할 기회를 주셨습니다. 무엇을 살 것인지 비용이라는 단어를 넣어 상상해 써 보세요.

바나나킥과 초코바나나킥, 둘 중에 뭐를 살지 고민이 된다. 둘 다 7천원. 그런데 내가 가지고 있는 비용은 만 원이다. 기회비용은 한 번! 음... 정했다. 나의 당을 채워 줄 것은 초코바나나킥이다!

— 3학년 정지민

선택

'토마토 맛 토'와 '토 맛 토마토' 중 반드시 하나를 먹어야 하는 상황이 되었습니다. 어떤 걸 선택할 것인가요? 선택이라는 단어를 넣어 상상해 써 보세요.

토마토 맛 토를 선택할 거예요. 왜냐하면 토 모양이지만 토마토 맛이 나기 때문입니다. 맛도 좋을 것 같아요. 건강에도 좋을 것 같고 엄청 상큼할 것 같아요.

— 3학년 오수빈

지도

신기한 동물 마을을 찾아갈 수 있는 지도 한 장을 얻게 되었습니다. 이 지도에서 가리키는 동물 마을에 가면, 어떤 신기한 동물들이 있을까요? 지도라는 단어를 넣어 상상해 써 보세요.

지도에서 가리키는 신비한 동물 마을로 가려면 산을 넘고 강을 건너야 해요. 신비한 동물 마을에는 사자의 얼굴에 토끼의 귀를 가진 토사자와 늑대의 머리에 곰의 몸을 가진 늑곰이 있어요.

— 3학년 형도현

버섯

내 앞에 빨강, 파랑, 보라, 세 가지 마법 버섯이 놓여 있습니다. 각각의 버섯을 먹으면 어떤 능력이 생길까요? 버섯이라는 단어를 넣어 상상해 써 보세요.

먼저 빨강 버섯을 먹으면 염력이 생길 것 같고, 그 능력이 생기면 리모컨이 어디 있는지 모를 때 끌어당기고 싶다. 파란 버섯을 먹으면 달리기가 빨라질 것 같다. 그 능력을 가지면 체육 대회에서 일등을 할 거다. 보라 버섯을 먹으면 키가 커질 것 같다. 그 능력이 생기면 높은 데 있는 물건을 쉽게 내릴 것이다.

_4학년 김태하

고체

이 요술봉이라면 어떤 액체든 고체로 바꿀 수 있다고 합니다. 어떤 액체를 고체로 바꾸어 어떻게 사용할 것인지 고체라는 단어를 넣어 상상해 써 보세요.

시원한 물을 고체인 얼음으로 만들어서 더운 사람에게 나누어 줄 것입니다. 그러면 더운 사람들이 시원해질 것입니다.

_3학년 최승원

감염

우리 반 전체가 웃음을 멈출 수 없는 웃음 바이러스에 감염되었습니다. 웃음 바이러스는 누구 때문에 시작되었을까요? 그리고 어떻게 감염될까요? 감염이라는 단어를 넣어 상상해 써 보세요.

방귀 감염병이라는 감염병이 세상에 전파되었기 때문이다. 감염자의 방귀 냄새를 맡으면 감염되고, 감염자는 방귀를 쉴 새 없이 뀐다. 방귀로 부스터를 쏠 수 있고 하늘을 날 수도 있다. 그리고 웃음을 멈출 수 없는 웃음 바이러스로 변이된다.

_3학년 선승우

별자리

전갈자리, 사자자리, 게자리처럼 별들에게 새로운 이름을 붙인다면, 어떤 이름이 있을까요? 별자리라는 단어를 넣어 새로운 별자리 이름과 모습을 상상해 써 보세요.

별들에게 새로운 이름을 붙인다면 토사자별자리라고 붙일 거예요. 토사자별자리는 사자 얼굴에다 토끼 귀가 있고 사자 털이 있는 모양입니다.

—3학년 김도은

액체

커다란 수영장에 물이 아닌 액체가 들어 있는 상상을 해 봤나요? 초콜릿 우유? 오렌지 주스? '세상에서 가장 달콤한 수영장'으로 불리는 수영장의 모습을 액체라는 단어를 넣어 상상해 써 보세요.

큰 수영장에 칸이 나누어져 있습니다. 한쪽에는 시원한 액체인 초코 우유가 들어 있습니다. 다른 한쪽에는 따뜻한 액체인 꿀물이 들어 있습니다.

—3학년 최인경

기후

매우 추운 기후의 남극과 북극. 남극의 펭귄과 북극의 북극곰이 서로 영상 통화를 했습니다. 두 동물 사이의 대화를 기후라는 단어를 넣어 상상해 써 보세요.

펭귄: "북극곰아!"
북극곰: "왜?"
펭귄: "북극의 기후가 변한대."
북극곰: "그래. 지금 얼음이 녹고 있어. 거기는 어때?"
펭귄: "여긴 괜찮아. 그런데 너부터 걱정해야 되지 않아?"

—3학년 하채연

1 사회 어휘 100

	어휘 목록	교과 연계
1	광역시, 도	우리 고장의 모습
2	장소, 장소감	우리 고장의 모습
3	고장, 디지털 영상 지도	우리 고장의 모습
4	특별시, 특별자치도	우리 고장의 모습
5	인공위성, 드론	우리 고장의 모습
6	전설, 유래	우리 고장 이야기
7	자부심, 호국	우리 고장 이야기
8	핵가족, 확대가족	가족의 모습과 역할 변화
9	가족 구성원, 대가족	가족의 모습과 역할 변화
10	출생, 사망	가족의 모습과 역할 변화
11	자손, 혈연관계	가족의 모습과 역할 변화
12	국적, 다문화	사회 변화와 문화의 다양성
13	편견, 고정관념	사회 변화와 문화의 다양성
14	벌이, 맞벌이	사회 변화와 문화의 다양성
15	저출산, 보육비	사회 변화와 문화의 다양성
16	고령화, 복지비	사회 변화와 문화의 다양성
17	자녀, 다자녀	사회 변화와 문화의 다양성
18	중독, 유출	사회 변화와 문화의 다양성
19	외국인, 이주 배경 학생	사회 변화와 문화의 다양성
20	1인 가구, 비혼	사회 변화와 문화의 다양성
21	반려, 반려동물	사회 변화와 문화의 다양성
22	명절, 풍습	시대마다 다른 삶의 모습
23	차례, 성묘	시대마다 다른 삶의 모습
24	수확, 풍년	시대마다 다른 삶의 모습
25	교통로, 교통수단	교통과 통신수단의 변화

여러분이 재미있게 공부할 수 있도록 월화수목금토, 요일에 따라 쓸 수 있는 여섯 가지 방법을 적어 뒀어요. 책에서 소개하는 100개의 교과 단어를 내 것으로 만들고 싶다면 아래 방법들을 활용해서 공부해 보세요!

🔵 **월** 교과 단어들의 뜻을 보기 전에 어떤 뜻인지 생각해 보는 날!

🔵 **화** 나만의 교과 단어장에 모르는 단어와 뜻을 적는 날!

🔵 **수** 단어만 공부하는 게 아니라 단어가 어떻게 활용되는지도 함께 기억하는 날!

🔵 **목** 사회 교과서에서 내가 알고 있는 단어를 찾아 ○표 하는 날!

🔵 **금** 더 알아보고 싶은 단어를 검색 사이트나 유튜브에서 찾아보는 날!

🔵 **토** 가족에게 뜻을 설명하고 교과 단어를 알아맞히는 게임을 하는 날!

	어휘 목록	교과 연계
26	**철도, 항만**	교통과 통신수단의 변화
27	**통신, 통신수단**	교통과 통신수단의 변화
28	**서찰, 봉수**	교통과 통신수단의 변화
29	**정보, 인공지능**	교통과 통신수단의 변화
30	**지도, 백지도**	지역의 위치와 특성
31	**기호, 범례**	지역의 위치와 특성
32	**방위표, 축척**	지역의 위치와 특성
33	**높낮이, 등고선**	지역의 위치와 특성
34	**약도, 중심지**	지역의 위치와 특성
35	**유형·무형 문화유산**	지역의 역사
36	**보존, 훼손**	지역의 역사
37	**답사, 면담**	지역의 역사
38	**자원, 희소성**	생산과 교환
39	**선택, 합리적 선택**	생산과 교환
40	**비용, 기회비용**	생산과 교환
41	**생산, 소비**	생산과 교환
42	**교류, 인적 교류**	생산과 교환
43	**민주주의, 학교 자치**	공공기관과 주민 참여
44	**주민 자치, 주민 참여**	공공기관과 주민 참여
45	**정보화, 세계화**	사회 변화와 문화의 다양성
46	**지역 축제, 특산물**	생산과 교환
47	**기온, 강수량**	환경에 따라 다른 삶의 모습
48	**자연환경, 의식주**	환경에 따라 다른 삶의 모습
49	**촌락, 도시**	촌락과 도시의 생활 모습
50	**개발, 보전**	촌락과 도시의 생활 모습

1 광역시, 도

• 교과 문장 소리 내어 읽기

⭐ 우리나라에는 인천, 대구, 대전, 광주, 울산, 부산광역시가 있습니다.
우리나라의 광역시 중 인구가 가장 많은 곳은 부산광역시입니다.
⭐ 도는 광역시, 특별시와 함께 광역자치단체로 불립니다.
각 도에는 도의 행정을 처리하는 기관인 도청이 있습니다.

• 단어 뜻 익히기

광역시 지방자치단체의 행정구역 중 하나인 광역자치단체
도 시나 군을 관리하는 지방 행정구역의 하나

• 대화 속으로! 초성에 맞는 단어를 넣어 실감 나게 읽어 보세요.

 혹시, 우리가 사는 광주ㄱㅇㅅ는 어떤 도에 있는지 아니?

그 정도는 기본이지! 전라남ㄷ 안에 광주광역시가 있잖아.

• 단어를 내 것으로 만드는 글쓰기

새롭게 광역시로 결정된 '풍선광역시'에서는 모든 집이 풍선처럼 떠다닌다고 합니다. 풍선광역시에는 어떤 모양의 풍선 집들이 있을지 광역시라는 단어를 넣어 상상해 써 보세요.

2 장소, 장소감

• 교과 문장 소리 내어 읽기

　★ 우리 고장에서 가 본 적이 있는 장소를 떠올려 봅시다.

　　떠올린 우리 고장의 장소를 그림으로 표현해 봅시다.

　★ 우리 고장의 공원에서 느꼈던 장소감을 이야기해 봅시다.

　　장소감에 따라 장소의 색깔을 다르게 표현해 봅시다.

• 단어 뜻 익히기

　장소 어떤 일이 일어나는 곳

　장소감 어떤 장소에서 떠오르는 생각이나 느낌

• 대화 속으로! 　초성에 맞는 단어를 넣어 실감 나게 읽어 보세요.

　　나는 우리 집 앞 공원에만 오면 즐거운 ㅈㅅㄱ을 느껴.

　　　공부 안 하고 두 시간씩 노는 ㅈㅅ라서 그렇게 느끼는 거지?

• 단어를 내 것으로 만드는 글쓰기

　나에게 하루 동안 어디든지 원하는 장소로 순간 이동할 수 있는 능력이 생겼습니다. 어떤 장소에서 무엇을 할 건가요? 장소라는 단어를 넣어 상상해 써 보세요.

13

3   고장, 디지털 영상 지도 월   일

- 교과 문장 소리 내어 읽기

  ★ 우리 고장에 있는 여러 장소를 하나씩 이야기해 봅시다.

  우리 고장의 모습을 떠올린 다음, 고장의 모습을 그려 봅시다.

  ★ 디지털 영상 지도를 이용하여 찾아보고 싶은 곳을 말해 봅시다.

  디지털 영상 지도를 이용하여 우리 고장의 모습을 자세하게 살펴봅시다.

- 단어 뜻 익히기

  고장   사람이 모여 사는 곳

  디지털 영상 지도   인공위성에서 찍은 사진을 지도로 나타낸 것

- 대화 속으로!   초성에 맞는 단어를 넣어 실감 나게 읽어 보세요.

   우리 ㄱㅈ의 모습을 한눈에 볼 수 있는 방법이 있을까?

  물론이지! 눈 감아 봐, 짠! ㄷㅈㅌ ㅇㅅ ㅈㄷ를 이용하면 가능하지.

- 단어를 내 것으로 만드는 글쓰기

  만약 하늘에서 초콜릿이 비처럼 내려 우리 고장의 모든 길을 뒤덮는다면, 나는 무엇을 할 건가요?

  고장이라는 단어를 넣어 상상해 써 보세요.

  _____

  _____

  _____

  _____

4 특별시, 특별자치도

월   일

• 교과 문장 소리 내어 읽기

★ 내가 사는 고장은 서울특별시입니다.

특별시는 교통, 상업, 경제의 중심이 되는 곳입니다.

★ 우리가 흔히 제주도라고 부르는 곳은 제주특별자치도입니다.

제주도에 이어 강원도와 전라북도가 특별자치도가 되었습니다.

• 단어 뜻 익히기

특별시 행정구역 중 하나로 특별행정구역인 도시 예 서울특별시

특별자치도 정부가 직할하는 상급 지방자치단체 예 제주특별자치도

• 대화 속으로! 초성에 맞는 단어를 넣어 실감 나게 읽어 보세요.

 드디어 나도 서울ㅌㅂㅅ로 여행을 가게 되는구나!

지난달에 제주ㅌㅂㅈㅊㄷ에 다녀오더니, 이제 여행 고수가 되었네?

• 단어를 내 것으로 만드는 글쓰기

사실 우리나라에는 믿거나 말거나 '돼지특별시'란 곳도 있죠. 돼지특별시에는 누가 살까요? 이 도시에서 유명한 것은 무엇일까요? 특별시라는 단어를 넣어 상상해 써 보세요.

5 인공위성, 드론

• 교과 문장 소리 내어 읽기

　★ 인공위성을 통해 지역의 위치나 날씨와 관련된 정보를 알 수 있습니다.

　　인공위성에서 찍은 사진으로 디지털 영상 지도를 만들 수 있습니다.

　★ 요즘에는 드론을 이용하여 영상 지도를 만들기도 합니다.

　　우리 고장의 모습이 담긴 3D 지도는 드론이 찍은 사진으로 만든 것입니다.

• 단어 뜻 익히기

　인공위성 지구 주위를 도는 인공의 물체

　드론 사람이 타지 않고 원격으로 조종하는 날아다니는 물체

• 대화 속으로! 　초성에 맞는 단어를 넣어 실감 나게 읽어 보세요.

　나는 ㄷㄹ을 타고 우리 고장의 모습을 살펴볼 거야.

　　　　어이구. ㄷㄹ도 ㅇㄱㅇㅅ처럼 사람이 탈 수 없다는 거 몰랐니?

• 단어를 내 것으로 만드는 글쓰기

　주문하면 10분 만에 하늘에서 음식을 내려 주는 '음식 드론 서비스'가 있어요. 어디서, 어떤 음식을 주문해 누구와 먹을 건가요? 드론이라는 단어를 넣어 상상해 써 보세요.

_____

_____

_____

_____

6 전설, 유래

• 교과 문장 소리 내어 읽기

⭐ 전설을 읽어 보면 우리 고장의 모습을 알 수 있습니다.

우리 고장의 전설과 관련된 장소를 살펴봅시다.

⭐ 옛이야기에는 우리 고장의 유래가 담겨 있습니다.

우리 고장이 지금과 같은 이름으로 불리게 된 유래를 알아봅시다.

• 단어 뜻 익히기

전설 예전부터 전해 내려오는 이야기

유래 사물이나 일이 생기는 것

• 대화 속으로!   초성에 맞는 단어를 넣어 실감 나게 읽어 보세요.

 우리 동네가 효자동으로 불리게 된 ㅇㄹ를 드디어 알게 되었어!

어제 선생님께서 들려주신 ㅈㅅ 속에 이유가 들어 있잖아.

• 단어를 내 것으로 만드는 글쓰기

우리 고장에 보물이 묻혀 있는 곳이 있다는 전설을 듣게 되었습니다. 전설이라는 단어를 넣어, 숨겨진 보물을 찾는 이야기를 상상해 써 보세요.

_____

_____

_____

_____

7 자부심, 호국

• 교과 문장 소리 내어 읽기

> ★ 우리 고장의 옛이야기를 통해 우리 고장에 대한 자부심이 생길 수 있습니다.
> 자부심을 느끼며 우리 고장의 역사를 소개해 봅시다.
> ★ 우리 고장에는 조상들의 호국 정신을 느낄 수 있는 장소가 많이 있습니다.
> 우리 고장의 유명한 인물인 신돌석 장군은 호국 의병입니다.

• 단어 뜻 익히기

자부심 자기 능력을 믿고 당당하게 생각하는 마음
호국 나라를 보호하고 지키는 것

• 대화 속으로! (초성에 맞는 단어를 넣어 실감 나게 읽어 보세요.)

 난 전생에 이순신 장군이었던 거 같아. 뭔가 ㅈㅂㅅ이 느껴지지 않니?

이순신 장군처럼 ㅎㄱ하기 위해 당장 내일부터 군인이 되는 건 어때?

• 단어를 내 것으로 만드는 글쓰기

나는 우리 고장에 대해 엄청난 자부심을 지니고 있습니다. 자부심의 이유는 바로 어떤 음식 때문이죠. **자부심**이라는 단어를 넣어 어떤 음식인지, 자부심의 이유가 무엇인지 상상해 써 보세요.

8 핵가족, 확대가족

월   일

• 교과 문장 소리 내어 읽기

⭐ 시간이 흐를수록 **핵가족**이 늘어나고 있습니다.

일자리를 위해 부모를 떠나는 사람들이 많아지며 **핵가족**이 늘어난 것입니다.

⭐ 옛날에는 오늘날에 비해 **확대가족**의 수가 많았습니다.

확대가족이 줄고, **핵가족**이 늘어난 이유를 생각해 봅시다.

• 단어 뜻 익히기

핵가족 한 쌍의 부부와 결혼하지 않은 자녀가 함께 사는 가족

확대가족 부부와 결혼한 자녀들이 함께 사는 가족

• 대화 속으로! 초성에 맞는 단어를 넣어 실감 나게 읽어 보세요.

 옛날에 비해 요즘 ㅎㄱㅈ이 늘어난 이유를 알고 있니?

물론이지. ㅎㄷㄱㅈ으로 살면 할아버지, 할머니한테 맨날 혼나니까!

• 단어를 내 것으로 만드는 글쓰기

확대가족인 우리 가족은 사실 엄청난 능력을 갖춘 슈퍼 영웅입니다. 확대가족이라는 단어를 넣어, 할아버지, 아버지, 어머니, 나, 동생이 가진 능력을 상상해 써 보세요.

_____

_____

_____

_____

9 가족 구성원, 대가족

• 교과 문장 소리 내어 읽기

> ★ 가족 구성원은 행복한 가정을 만들기 위해 노력해야 합니다.
>
> 문제가 생겼다면 가족 구성원과 대화하여 문제를 해결해야 합니다.
>
> ★ 대가족은 어른들에게 예절을 배울 수 있다는 장점이 있습니다.
>
> 물론 대가족은 수가 많아서 의견을 하나로 모으기 어렵다는 단점도 있습니다.

• 단어 뜻 익히기

가족 구성원 가족을 이루고 있는 사람들

대가족 수가 많은 가족

• 대화 속으로! 초성에 맞는 단어를 넣어 실감 나게 읽어 보세요.

 우리 집은 ㄱㅈ ㄱㅅㅇ이 여덟 명이나 돼.

정말? 요즘에는 보기 어려운 ㄷㄱㅈ이네. 나랑 같이 야구단 만들자.

• 단어를 내 것으로 만드는 글쓰기

우리 집의 가족 구성원을 동물원에 있는 동물로 변하게 해야 한다면, 어떤 동물로 변하게 하고 싶은 가요? 가족 구성원이라는 단어를 넣어 상상해 써 보세요.

10 출생, 사망

• 교과 문장 소리 내어 읽기

⭐ 옛날에는 아이가 출생하면 금줄을 쳐 아이를 보호했습니다.

우리나라의 출생률은 점점 낮아지고 있습니다.

⭐ 옛날에는 의학 기술이 좋지 않아 어렸을 때 사망하는 아이가 많았습니다.

오늘날에는 평균수명이 늘어나 사망률이 낮아지고 있습니다.

• 단어 뜻 익히기

출생 세상에 나오는 것

사망 사람이 죽는 것

• 대화 속으로! 초성에 맞는 단어를 넣어 실감 나게 읽어 보세요.

ㅊㅅ률이 낮아지고, ㅅㅁ률도 낮아지면 우리나라에 좋은 거 아니야?

그게 저출산 고령화 사회란다. 어린이보다 할머니들이 많으신 거지.

• 단어를 내 것으로 만드는 글쓰기

알고 보니 내 출생의 비밀이 있습니다. 내가 외동이 아니고 세 쌍둥이 중 한 명이라고 해요. 나머지 두 명의 형제자매는 어디에서 어떻게 살고 있을까요? 출생이라는 단어를 넣어 상상해 써 보세요.

_____

_____

_____

_____

11 자손, 혈연관계

• 교과 문장 소리 내어 읽기

> ★ 옛날에는 자손이 많은 집이 흔했습니다.
>   오늘날에는 아이를 낳지 않는 가정이 늘어나면서 자손이 귀해지고 있습니다.
> ★ 여러분과 여러분의 부모님은 혈연관계로 맺어진 사이입니다.
>   부부는 가까운 사이지만, 혈연관계로 맺어진 사이는 아닙니다.

• 단어 뜻 익히기

자손 자식과 손자를 가리키는 말

혈연관계 부모, 자식, 형제, 자매와 같은 관계

• 대화 속으로! 〔 초성에 맞는 단어를 넣어 실감 나게 읽어 보세요. 〕

 너, 우리가 그 유명한 김씨 가문의 ㅈㅅ인 건 알고 있지?

물론이지. 그러니 좋든 싫든 오빠랑 나는 ㅎㅇㄱㄱ고!

• 단어를 내 것으로 만드는 글쓰기

사실 나는 믿기 어려운 특별한 능력을 가진 조상의 자손입니다. 나의 조상이 물려주신 이 능력은 무엇일까요? **자손**이라는 단어를 넣어 상상해 써 보세요.

_____

_____

_____

_____

12   국적, 다문화

• 교과 문장 소리 내어 읽기

> ★ 대한민국의 국민은 대한민국 국적을 가지고 있습니다.
>   우리나라 국적을 갖는 외국인의 수가 늘어나고 있습니다.
> ★ 다문화 사회에서는 다른 문화를 인정하려고 노력해야 합니다.
>   다양한 문화를 접할 수 있는 다문화 축제가 늘고 있습니다.

• 단어 뜻 익히기

  국적 한 나라의 구성원이 될 수 있는 자격
  다문화 하나의 사회 안에 여러 민족이나 국가의 문화가 섞인 것

• 대화 속으로!   초성에 맞는 단어를 넣어 실감 나게 읽어 보세요.

 사실 우리 아버지의 ㄱㅈ은 미국이야!

오호, 너희 집이 ㄷㅁㅎ 가정이구나. 미국에 자주 가니?

• 단어를 내 것으로 만드는 글쓰기

우리 가족이 다문화 음식점을 운영하게 된다면, 어떤 나라의, 어떤 요리를 만들어 팔고 싶나요? 다문화라는 단어를 넣어 상상해 써 보세요.

23

13 편견, 고정관념

• 교과 문장 소리 내어 읽기

　★ 피부색에 따라 성격이 다르다고 생각하는 것은 **편견**입니다.

　　다른 나라 사람이나 문화를 많이 경험해 보지 못하면 **편견**이 생길 수 있습니다.

　★ 여자들이 집안일을 잘한다고 생각하는 것은 **고정관념**입니다.

　　옛날에는 성 역할에 대한 **고정관념**이 많았습니다.

• 단어 뜻 익히기

　편견　공정하지 못하고 한쪽으로만 나쁘게 바라보는 생각

　고정관념　쉽게 변하지 않는 생각

• 대화 속으로!　초성에 맞는 단어를 넣어 실감 나게 읽어 보세요.

 너는 안경을 쓴 걸 보니, 공부는 잘하고 운동은 못하겠구나.

그건 ㅍㄱ이고, ㄱㅈㄱㄴ이야! 사실 난 운동은 잘하고, 공부는 못한단다!

• 단어를 내 것으로 만드는 글쓰기

　'놀이공원은 재미있는 곳이다.'라는 고정관념을 깨는 '재미없는 놀이공원'이 있다면, 이 놀이공원에는
어떤 놀이기구가 있을까요? **고정관념**이라는 단어를 넣어 상상해 써 보세요.

_____

_____

_____

_____

24

14 벌이, 맞벌이

• 교과 문장 소리 내어 읽기

　★ 벌이가 좋은 일은 사람들에게 인기가 많습니다.

　　외화벌이를 위해 외국으로 떠나는 사람들이 많아지고 있습니다.

　★ 맞벌이하는 부부가 늘어나고 있습니다.

　　부부가 맞벌이하는 동안 아이들은 유치원이나 학교에 갑니다.

• 단어 뜻 익히기

　벌이 일을 하여 돈을 버는 것

　맞벌이 부부가 모두 일을 하여 돈을 버는 것

• 대화 속으로! 초성에 맞는 단어를 넣어 실감 나게 읽어 보세요.

　나는 부자가 될 거야. 그래서 지금부터 당장 ㅂㅇ를 찾아봐야겠어.

　　우선은 집 청소를 하는 게 어때? 부모님이 ㅁㅂㅇ로 바쁘시잖아.

• 단어를 내 것으로 만드는 글쓰기

어떤 사건으로 인해 우리 가정의 벌이가 지금보다 10배 많아지게 되었습니다. 부모님께 어떤 일이
일어난 것일까요? 벌이라는 단어를 넣어 상상해 써 보세요.

15   저출산, 보육비

• 교과 문장 소리 내어 읽기

> ★ 아이를 키우는 데 부담을 느끼는 사람들이 늘면서 저출산 현상이 심화되었습니다.
> 저출산으로 인해 유치원과 학교가 줄어들고 있습니다.
> ★ 보육비가 부담되어 아이를 한 명만 낳는 가정이 늘어나고 있습니다.
> 저출산 현상을 줄이기 위해 정부에서는 보육비를 많이 지원해 줘야 합니다.

• 단어 뜻 익히기

저출산 아이를 낳지 않거나 적게 낳는 것
보육비 아이를 키우는 데 필요한 돈

• 대화 속으로!   초성에 맞는 단어를 넣어 실감 나게 읽어 보세요.

   ㅈㅊㅅ 문제를 해결하기 위해 어떤 제도가 필요할까?

한 가정마다 ㅂㅇㅂ를 1억씩 주는 건 어때?

• 단어를 내 것으로 만드는 글쓰기

저출산을 해결하기 위한 동요를 만들려고 해요. 동요의 가사를 어떻게 쓰고 싶나요? **저출산**이라는
단어를 넣어 상상해 써 보세요.

 _____

_____

_____

_____

16 고령화, 복지비

• 교과 문장 소리 내어 읽기

  ★ 우리 사회의 노인 인구가 많아지는 것을 고령화라고 합니다.

    고령화로 인해 노인을 위한 노인 전문 병원도 많이 생기고 있습니다.

  ★ 고령화 현상에 대응하기 위해 노인을 위한 복지비를 제공해 줄 수 있습니다.

    복지비로 노인 복지 시설을 이용할 수 있는 제도를 만들어야 합니다.

• 단어 뜻 익히기

  고령화 65세 이상의 노인 인구 비율이 늘어나는 것

  복지비 사람들이 안정적으로 사는 것을 돕기 위해 필요한 돈

• 대화 속으로!   초성에 맞는 단어를 넣어 실감 나게 읽어 보세요.

 ㄱㄹㅎ 사회가 되면 어떤 시설이 많이 생길까?

ㅂㅈㅂ로 살 수 있는 음식을 파는 건강식품 마트가 생기지 않을까?

• 단어를 내 것으로 만드는 글쓰기

  노인을 위해 마련된 복지비를 이용하여 할머니, 할아버지들을 위한 놀이공원을 만든다면, 놀이공원
에는 어떤 기구들이 있어야 할까요? 복지비라는 단어를 넣어 상상해 써 보세요.

17 자녀, 다자녀

• 교과 문장 소리 내어 읽기

> ★ 요즘에는 자녀를 많이 낳지 않는 사회적 분위기가 있습니다.
>
> 자녀의 수가 줄어드는 대신 자녀에 관한 관심은 높아지고 있습니다.
>
> ★ 옛날에는 가족 구성원이 7명, 8명을 넘는 다자녀 가정이 많았습니다.
>
> 자녀가 여럿인 가정에는 다자녀 우대 카드를 제공해 줄 수 있습니다.

• 단어 뜻 익히기

자녀 아들과 딸을 가리키는 말

다자녀 자녀가 많은 것

• 대화 속으로! 〔 초성에 맞는 단어를 넣어 실감 나게 읽어 보세요. 〕

 나는 나중에 결혼하면 ㅈㄴ를 많이 낳을 거야. 한 4명 정도?

그래? 난 8명! ㄷㅈㄴ 가정으로 애국자가 되어 보려고 해.

• 단어를 내 것으로 만드는 글쓰기

나중에 어른이 되었을 때 우리 집이 10명의 다자녀 가정이 된다면, 자녀들과 함께 주말에 어디서, 무엇을 할 것 같나요? 다자녀라는 단어를 넣어 상상해 써 보세요.

_____

_____

_____

_____

18 중독, 유출

• 교과 문장 소리 내어 읽기

> ★ 인터넷 중독에 빠지면 눈도 나빠지고, 해야 할 일을 제대로 하지 않게 됩니다.
> 인터넷 중독에 빠지지 않기 위해서는 사용 시간을 정해 놓고 하는 게 좋습니다.
> ★ 개인 정보 유출을 막기 위해 개인 정보 보호와 관련된 법이 만들어졌습니다.
> 개인 정보가 중요해지면서 개인 정보 유출과 관련된 처벌도 강해졌습니다.

• 단어 뜻 익히기

중독 어떤 행동을 하지 않을 때 불안하거나 정상적인 활동을 못 하는 것

유출 정보 등이 밖으로 나가 버리는 것

• 대화 속으로!   초성에 맞는 단어를 넣어 실감 나게 읽어 보세요.

난 요즘 친구들의 웃긴 표정을 사진으로 찍는 데 ㅈㄷ된 것 같아.

어제는 내 사진도 인스타에 올렸지? 나의 개인 정보를 ㅇㅊ하다니!

• 단어를 내 것으로 만드는 글쓰기

나는 모든 초등학생이 중독될 만한 엄청나게 맛있는 음식을 만드는 요리사입니다. 이번에 새롭게 만들어 낸 음식은 무엇인가요? 중독이라는 단어를 넣어 상상해 써 보세요.

19 외국인, 이주 배경 학생 월   일

• 교과 문장 소리 내어 읽기

  ★ 국제결혼을 하는 사람이나 외국인 근로자가 늘어나고 있습니다.

    우리는 다양한 문화를 존중하며 외국인과 더불어 살아야 합니다.

  ★ 다문화 학생보다 이주 배경 학생이라고 부르는 게 좋습니다.

    우리 주변에는 다양한 이주 배경을 가진 이주 배경 학생들이 많습니다.

• 단어 뜻 익히기

  외국인 다른 나라의 국적을 가진 사람

  이주 배경 학생 부모나 학생이 외국에서 온 학생(다문화 학생 포함)

• 대화 속으로! (초성에 맞는 단어를 넣어 실감 나게 읽어 보세요.)

 이건 비밀인데, 사실 나 한국 사람이 아니라 ㅇㄱㅇ이야.

    정말? ㅇㅈ ㅂㄱ ㅎㅅ이었구나. 그런데 한국말을 정말 잘하네?

• 단어를 내 것으로 만드는 글쓰기

  우리 고장으로 외국인 관광객이 여행을 온다면, 어떤 장소를 소개해 주고 싶나요? 어떤 음식을 대접

하고 싶나요? **외국인**이라는 단어를 넣어 상상해 써 보세요.

20 1인 가구, 비혼

• 교과 문장 소리 내어 읽기

> ★ 1인 가구의 수가 해가 갈수록 늘어나고 있습니다.
>
>   미래에는 10집 중 4집은 1인 가구가 된다고 합니다.
>
> ★ 사회가 변하면서 비혼을 선택하는 사람들이 많아지고 있습니다.
>
>   비혼이라는 말 대신 독신이나 미혼이라는 말을 사용할 수 있습니다.

• 단어 뜻 익히기

  1인 가구 혼자 사는 가구

  비혼 결혼하지 않는 것, 또는 그런 사람

• 대화 속으로! 초성에 맞는 단어를 넣어 실감 나게 읽어 보세요.

 난 어른이 되어도 결혼하지 않고 ㅂㅎ으로 살 거야.

나도! 근데 혹시 나중에 1ㅇ ㄱㄱ로 사는 게 재미없어지면 나랑 결혼하는 건 어때?

• 단어를 내 것으로 만드는 글쓰기

  만약 내가 혼자 사는 1인 가구 사람들을 위해 '혼자 먹으면 더 맛있는 음식'을 파는 식당을 만든다면, 어떤 음식을 팔 것인가요? 1인 가구라는 단어를 넣어 상상해 써 보세요.

21 반려, 반려동물

• 교과 문장 소리 내어 읽기

> ★ 반려동물을 키우는 가정을 반려 가구라고 합니다.
>
> 반려동물을 키우는 사람을 반려인이라고 합니다.
>
> ★ 우리 주변에는 반려동물을 키우는 가정이 많습니다.
>
> 미래에는 자식 대신 반려동물에게 유산을 남기게 될 수도 있습니다.

• 단어 뜻 익히기

반려 짝이 되는 친구

반려동물 사람이 정서적으로 안정감을 얻기 위해 기르는 동물

• 대화 속으로!   초성에 맞는 단어를 넣어 실감 나게 읽어 보세요.

 소개할게. 내 인생의 새로운 ㅂㄹㄷㅁ 현무야. 세상에서 제일 귀여운 강아지야.

너도 ㅂㄹ인이 되었구나. 둘이 닮아 보이는 건 기분 탓인가?

• 단어를 내 것으로 만드는 글쓰기

우리 집에서 키우는 반려동물 강아지나 고양이를 위해 어떤 재미있는 놀이기구나 장난감을 만들어 줄 수 있을까요? 반려동물이라는 단어를 넣어 상상해 써 보세요.

22 명절, 풍습

• 교과 문장 소리 내어 읽기

 ★ 우리나라의 대표적인 명절에는 설, 추석, 정월대보름 등이 있습니다.

  명절 아침에는 조상들께 차례를 지냅니다.

 ★ 옛날과 오늘날의 결혼 풍습에는 많은 차이가 있습니다.

  신랑이 신부에게 나무 기러기를 주는 것은 옛날 결혼 풍습 중 하나입니다.

• 단어 뜻 익히기

 명절 해마다 기념하는 날

 풍습 옛날부터 전해 내려오는 습관

• 대화 속으로! └ 초성에 맞는 단어를 넣어 실감 나게 읽어 보세요. ┘

 ㅁㅈ마다 내가 하는 일이 있지. 그건 바로, 음식을 배불리 먹는 일!

 그래서 어제 배탈 났잖아. 혹시 먹는 ㅍㅅ만 잘 따르는 건 아니지?

• 단어를 내 것으로 만드는 글쓰기

우리의 대표 명절은 설과 추석! 만약 동물들의 세상에도 설이나 추석 같은 명절이 있다면 동물들은
명절을 어떻게 보낼까요? 명절이라는 단어를 넣어 상상해 써 보세요.

23 차례, 성묘

• 교과 문장 소리 내어 읽기

> ★ 설이나 추석에는 음식을 준비해서 차례를 지냅니다.
>
> 차례를 지내는 것은 조상들께 감사하는 마음을 표현하는 것입니다.
>
> ★ 성묘할 때는 음식을 차려 두고, 조상들께 절을 합니다.
>
> 성묘를 하는 이유도 차례를 지내는 이유와 비슷합니다.

• 단어 뜻 익히기

차례 명절에 지내는 제사

성묘 조상의 산소를 찾아가는 일

• 대화 속으로! 초성에 맞는 단어를 넣어 실감 나게 읽어 보세요.

 엄마, 너무 배가 고픈데, ㅊㄹ 상에 있는 약과 하나만 먹으면 안 돼요?

물론 안 되지, ㅅㅁ 갈 때 차에서 먹겠다고 네가 어제 10개나 챙겨 뒀잖니?

• 단어를 내 것으로 만드는 글쓰기

차례 상에는 보통 밥, 국, 고기, 생선, 과일 등이 올라갑니다. 100년 뒤의 차례 상에는 어떤 음식들이 올라갈까요? 차례라는 단어를 넣어 상상해 써 보세요.

24 수확, 풍년

• 교과 문장 소리 내어 읽기

> ★ 농사에 사용하는 도구가 변하면서 수확하는 곡식의 양도 많아졌습니다.
>   옛날과 달리 오늘날에는 콤바인과 같은 농기계를 이용하여 곡식을 수확합니다.
> ★ 옛날에는 풍년을 기원하며 마을의 축제를 여는 경우가 많았습니다.
>   정월대보름에는 달을 보며 풍년을 빌었습니다.

• 단어 뜻 익히기

  수확 익은 농산물을 따서 담거나 모으는 일
  풍년 곡식이 잘 자라서 얻은 농작물이 많은 해

• 대화 속으로! ᐸ 초성에 맞는 단어를 넣어 실감 나게 읽어 보세요. ᐳ

   올해 사과 ㅅㅎ량이 엄청 많대. ㅍㄴ이네, ㅍㄴ.

  그래? 그럼 나도 사과 많이 먹고, 피부 좋아져야지.

• 단어를 내 것으로 만드는 글쓰기

  '신기한 채소 농장'에서는 보라색 당근, 빨간색 브로콜리처럼 쉽게 보기 힘든 채소들만 수확할 수 있
  다고 합니다. 이 농장에는 어떤 채소들이 있을지 수확이라는 단어를 넣어 상상해 써 보세요.

25 교통로, 교통수단

• 교과 문장 소리 내어 읽기

> ★ 자동차, 오토바이 등이 다니는 교통로를 도로라고 합니다.
>
>   배가 다니는 교통로를 수로, 비행기가 다니는 교통로를 항공로라고 합니다.
> ★ 옛날에는 가마, 말, 뗏목과 같은 교통수단을 이용했습니다.
>
>   오늘날에는 자동차, 비행기, 기차와 같은 교통수단을 이용하고 있습니다.

• 단어 뜻 익히기

교통로 교통에 이용하는 길(도로, 수로, 항공로 등)

교통수단 짐을 옮기거나 사람이 이동할 때 쓰는 수단

• 대화 속으로! 초성에 맞는 단어를 넣어 실감 나게 읽어 보세요.

 미래에는 날아다니는 택시 같은 새로운 ㄱㅌㅅㄷ을 이용하지 않을까?

만약에 그런 택시가 있다면 어떤 ㄱㅌㄹ를 사용하게 될까?

• 단어를 내 것으로 만드는 글쓰기

자동차 대신 바나나를 교통수단으로 사용하는 나라가 있다면, 그곳에서는 매일 아침 출근길에 어떤 일이 일어날까요? 교통수단이라는 단어를 넣어 상상해 써 보세요.

26 철도, 항만

• 교과 문장 소리 내어 읽기

　★ KTX, SRT와 같은 고속열차는 철도를 이용하여 달립니다.
　　KTX는 '한국고속철도'의 줄임말입니다.
　★ 우리나라에는 대략 50개 정도의 항만이 있습니다.
　　부산항, 인천항, 포항항 같은 곳이 모두 항만입니다.

• 단어 뜻 익히기

　철도　철로 된 길 위로 사람이나 짐을 옮기는 시설
　항만　배를 타거나 배가 머무를 수 있는 곳

• 대화 속으로!　　초성에 맞는 단어를 넣어 실감 나게 읽어 보세요.

　어제 지하 ㅊㄷ 위를 달리는 전동차를 탔어. 그건 바로 지하철!

　　　나는 인천의 ㅎㅁ을 구경하고 맛있는 회를 먹었는데!

• 단어를 내 것으로 만드는 글쓰기

　내가 우리 학교 강당에서 지하 비밀 창고로 연결되는 작은 철도를 발견했습니다. 이 철도를 따라 내려가면 어떤 일이 생길지 철도라는 단어를 넣어 상상해 써 보세요.

_____

_____

_____

27 통신, 통신수단

• 교과 문장 소리 내어 읽기

> ★ 삼국시대에는 북을 이용하여 통신했다고 합니다.
>   기계와 기술의 발달로 통신하는 방법은 나날이 변하고 있습니다.
> ★ 옛날에는 새, 말과 같은 동물이나 신호, 연 등의 통신수단을 이용하였습니다.
>   오늘날의 대표적인 통신수단은 스마트폰입니다.

• 단어 뜻 익히기

통신 소식을 전하는 것
통신수단 멀리 떨어진 사람에게 소식을 전할 때 쓰는 수단

• 대화 속으로! 초성에 맞는 단어를 넣어 실감 나게 읽어 보세요.

 새로운 ㅌㅅ 방법을 생각했어. 바로 텔레파시로 소식을 전하는 거지!

너만 몰랐구나? 난 벌써 ㅌㅅㅅㄷ으로 텔레파시를 사용하고 있는데.

• 단어를 내 것으로 만드는 글쓰기

전 세계 대부분의 사람이 사용하는 통신수단, 스마트폰! 외계에도 통신수단이 있을까요? 외계인들은 어떤 통신수단을 사용할지 **통신수단**이라는 단어를 넣어 상상해 써 보세요.

_____

_____

_____

28 서찰, 봉수

• 교과 문장 소리 내어 읽기

> ★ 옛날에는 전하고 싶은 말이 있을 때 서찰을 보냈습니다.
> 오늘날의 편지와 같은 서찰은 사람이 움직여 직접 전했습니다.
> ★ 봉수로 소식을 전하기 위해 높은 산에 봉수대를 만들었습니다.
> 봉수대의 굴뚝에 피우는 연기나 불꽃 수에 따라 전하는 내용이 달랐습니다.

• 단어 뜻 익히기

서찰 사람을 통해 편지로 소식을 전하는 것

봉수 낮에는 연기, 밤에는 횃불로 소식을 전하는 것

• 대화 속으로! 초성에 맞는 단어를 넣어 실감 나게 읽어 보세요.

비가 와서 ㅂㅅ로 전한 소식을 못 받았을 것 같아,
ㅅㅊ로 소식을 전했는데 혹시 받았니?

무슨 뚱딴지 같은 소리야! 너 사극을 너무 많이 본 거 아냐?

• 단어를 내 것으로 만드는 글쓰기

타임머신을 타고 조선 시대에서 오늘날로 온 돌쇠! 돌쇠는 과거 사람들이 우리에게 전하는 서찰 한 통을 들고 왔습니다. 어떤 내용이 담겨 있을지 서찰이라는 단어를 넣어 상상해 써 보세요.

_____

_____

_____

_____

29 정보, 인공지능

• 교과 문장 소리 내어 읽기

> ★ 정보, 지식 중심으로 사회가 변화하게 되는 것을 정보화라고 합니다.
>   정보화 시대가 되면서 학교에서 수업하는 모습도 바뀌게 되었습니다.
> ★ 인공지능은 우리의 삶 속에 깊이 들어와 있습니다.
>   모르는 문제가 있을 때, 인공지능 선생님의 도움을 받아 해결할 수 있습니다.

• 단어 뜻 익히기

정보 문제를 해결하는 데 필요한 지식

인공지능 인간과 비슷한 지능을 가진 컴퓨터 시스템

• 대화 속으로! [초성에 맞는 단어를 넣어 실감 나게 읽어 보세요.]

  세상에. ㅇㄱㅈㄴ이 세상 모든 ㅈㅂ를 갖고 있대.

정말? 그럼 우리 이제 공부할 필요 없는 거지?

• 단어를 내 것으로 만드는 글쓰기

만약 내가 인공지능 친구를 만든다면, 인공지능 친구는 나에게 어떤 말을 하고, 나는 그 친구랑 뭘 하고 놀 수 있을까요? 인공지능이라는 단어를 넣어 상상해 써 보세요.

30 지도, 백지도

• 교과 문장 소리 내어 읽기

⭐ 지도는 사람들에게 필요한 다양한 정보를 제공해 줍니다.

지도는 사람들 사이에서 정한 약속에 따라 만들어야 합니다.

⭐ 우리 고장의 중요한 장소를 백지도에 나타내 봅시다.

백지도 위에 학교나 마트, 도서관 등을 나타낼 수 있습니다.

• 단어 뜻 익히기

지도 지구의 표면을 줄여 기호를 이용해 평면에 그린 그림

백지도 길, 산, 강 등의 모습을 밑그림처럼 대강 그린 지도

• 대화 속으로! 초성에 맞는 단어를 넣어 실감 나게 읽어 보세요.

 꼭 가야 하는 맛집을 내가 알려 줄게. ㅈㄷ로 그려 주면 되지?

좋아! 그럼 이 ㅂㅈㄷ에 그려 줄래?

• 단어를 내 것으로 만드는 글쓰기

신기한 동물 마을을 찾아갈 수 있는 지도 한 장을 얻게 되었습니다. 이 지도에서 가리키는 동물 마을에 가면, 어떤 신기한 동물들이 있을까요? **지도**라는 단어를 넣어 상상해 써 보세요.

_____

_____

_____

_____

31 기호, 범례

• 교과 문장 소리 내어 읽기

> ★ 학교나 과수원처럼 실제 모양을 본떠 기호를 만들기도 합니다.
>
> 사람들 사이에서 약속된 기호를 사용하여 지도에 나타내야 합니다.
>
> ★ 범례를 이용하면 모든 기호마다 뜻을 쓰지 않아도 됩니다.
>
> 범례를 이용하면 지도 속 정보를 쉽고 정확하게 이해할 수 있습니다.

• 단어 뜻 익히기

기호 지도에서 어떤 뜻을 나타낼 때 사용하는 부호나 간단한 그림

범례 지도에서 사용하는 기호와 기호의 뜻

학교	교회	병원	산	과수원

• 대화 속으로! 　초성에 맞는 단어를 넣어 실감 나게 읽어 보세요.

 지도에서 사용하는 ㄱㅎ의 뜻을 10시간 동안 모두 외웠어!

정말? 왜 그랬어? ㅂㄹ만 보면 어떤 뜻인지 바로 알 수 있는데.

• 단어를 내 것으로 만드는 글쓰기

우리 학교 지도를 만들게 된다면, 급식실에는 어떤 기호를 사용하는 게 좋을까요? 급식실을 나타내는 기호를 만들고 기호라는 단어를 넣어, 그렇게 만든 이유를 설명해 보세요.

_____

_____

_____

32 방위표, 축척

• 교과 문장 소리 내어 읽기

 ★ 방위표를 살펴보면 장소나 건물의 위치를 알 수 있습니다.

   지도에 방위표가 없는 경우에는 위쪽이 북쪽, 아래쪽이 남쪽입니다.

 ★ 축척에 따라 지도에 나타나는 범위가 달라집니다.

   축척은 비례식이나 분수, 막대자를 사용하여 나타냅니다.

• 단어 뜻 익히기

 방위표 방위를 나타내는 표

 축척   지도에서 사용하는 실제 거리를
       줄여서 나타낸 정도

1:50,000	$\frac{1}{50,000}$	0 1km
비례식으로 표현된 축척	분수식으로 표현된 축척	막대자로 표현된 축척

• 대화 속으로! 초성에 맞는 단어를 넣어 실감 나게 읽어 보세요.

  왜 이 지도에는 ㅂㅇㅍ가 그려져 있지 않은 거지?

   어이구, 여기 ㅊㅊ을 읽어 봐. 네가 지도를 거꾸로 들었잖아!

• 단어를 내 것으로 만드는 글쓰기

 동서남북 네 방위를 나타내는 방위표는 숫자 4처럼 생겼어요. 다르게 그리는 방법은 없을까요? 새
 로운 방위표를 상상해 그리고, 방위표라는 단어를 넣어, 그렇게 만든 이유를 설명해 보세요.

33 높낮이, 등고선

• 교과 문장 소리 내어 읽기

> ★ 지도에서는 땅의 높낮이를 나타낼 때 등고선과 색깔을 사용합니다.
>
> 높낮이를 나타낼 때 높이가 낮은 곳은 녹색, 높은 곳은 갈색으로 나타냅니다.
>
> ★ 등고선의 간격이 넓은 곳은 경사가 완만한 지형입니다.
>
> 등고선의 간격이 좁은 곳은 경사가 급한 지형입니다.

• 단어 뜻 익히기

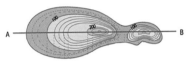

높낮이 높고 낮은 정도

등고선 지도에서 사용하는, 땅의 높이가 같은 곳을 연결한 선

• 대화 속으로! 초성에 맞는 단어를 넣어 실감 나게 읽어 보세요.

 나는 지도에서 눈을 감고도 땅의 ㄴㄴㅇ를 알 수 있어. 이곳이 높은 곳 맞지?

거짓말쟁이! 아까 실눈 뜨고 ㄷㄱㅅ 간격을 확인하던데!

• 단어를 내 것으로 만드는 글쓰기

나는 뭐든지 반대로 하는 걸 좋아하는 심술쟁이 초등학생입니다. 선생님께서 빈 등고선에 색을 칠해
오라는 과제를 내주셨습니다. 어떤 색을 칠할 것인지 **등고선**이라는 단어를 넣어 상상해 써 보세요.

34 약도, 중심지

• 교과 문장 소리 내어 읽기

　★ 약도를 이용하면 원하는 곳을 쉽게 찾아갈 수 있습니다.
　　우리 집에서 학교로 오는 길을 알 수 있는 약도를 만들어 봅시다.
　★ 고장에 따라 중심지가 한 곳이거나 여러 곳일 수 있습니다.
　　중심지에서는 시청, 군청, 터미널, 지하철역 등을 볼 수 있습니다.

• 단어 뜻 익히기

　약도 중요한 내용만 담아 간단하게 그린 지도
　중심지 여러 시설이 있고 사람들이 많이 모이는 곳

• 대화 속으로!　초성에 맞는 단어를 넣어 실감 나게 읽어 보세요.

　큰 빌딩 바로 옆이 우리 고장 교통의 ㅈㅅㅈ인 고속버스 터미널이야.

　　설명만으로는 잘 모르겠어. 그곳까지 가는 ㅇㄷ 같은 건 없을까?

• 단어를 내 것으로 만드는 글쓰기

어떤 사건 때문에 우리 학교가 우리 고장 최고의 중심지가 되었습니다. 어떤 일이 우리 학교를 마을의 중심지로 만들게 된 것일까요? 중심지라는 단어를 넣어 상상해 써 보세요.

_____

_____

_____

_____

45

35 유형 문화유산, 무형 문화유산

• 교과 문장 소리 내어 읽기

⭐ 문화유산에는 유형 문화유산과 무형 문화유산이 있습니다.

  유형 문화유산을 답사하는 것은 좋은 조사 방법입니다.

⭐ 무형 문화유산을 지키기 위해서는 관심을 가지고 자주 체험해야 합니다.

  무형 문화유산을 통해 조상들의 생활 모습을 알 수 있습니다.

• 단어 뜻 익히기

유형 문화유산 궁전이나 석탑, 절처럼 형태가 있는 문화유산

무형 문화유산 판소리 같은 예술, 장인들의 기술처럼 형태가 없는 문화유산

• 대화 속으로! (초성에 맞는 단어를 넣어 실감 나게 읽어 보세요.)

 나는 최고의 ㅇㅎ ㅁㅎㅇㅅ은 경주에 있는 석굴암이라고 생각해.

나는 최고의 ㅁㅎ ㅁㅎㅇㅅ은 궁중 음식이라고 생각해.
그러니 미안하지만, 이 궁중 떡볶이는 나만 먹을게.

• 단어를 내 것으로 만드는 글쓰기

놀이공원의 놀이기구 중 하나를 후손들에게 남겨 줄 유형 문화유산으로 정하기로 했습니다. 유형 문화유산이라는 단어를 넣어, 어떤 놀이기구를 어떤 이유로 그렇게 결정하였는지 상상해 써 보세요.

36 보존, 훼손

• 교과 문장 소리 내어 읽기

⭐ 전통문화가 담겨 있는 문화유산은 다음 세대를 위해 잘 보존해야 합니다.

경복궁과 같은 문화유산은 잘 보존해서 오래도록 볼 수 있게 해야 합니다.

⭐ 문화유산을 훼손할 경우, 법에 따라 처벌을 받습니다.

훼손된 문화재를 회복하기 위해서는 오랜 시간과 많은 비용이 필요합니다.

• 단어 뜻 익히기

보존 잘 보호하여 지키는 것

훼손 무너뜨리거나 깨뜨려 사용하지 못하게 함

• 대화 속으로! 초성에 맞는 단어를 넣어 실감 나게 읽어 보세요.

 문화유산을 아끼기 위해 문화유산에 "문화유산을 ㅂㅈ합시다."라고 볼펜으로 써 놓는 거 어때?

그건 문화유산 보존이 아니라, 문화유산 ㅎㅅ이지!

• 단어를 내 것으로 만드는 글쓰기

내 동생은 사람들이 소중하게 생각하는 물건을 훼손해 버리는 취미를 가진 악동입니다. 우리 집의 어떤 물건을 훼손시켜 우리를 당황스럽게 할지 훼손이라는 단어를 넣어 상상해 써 보세요.

37 답사, 면담

• 교과 문장 소리 내어 읽기

⭐ 우리 고장의 중심지를 답사해 봅시다.

  답사할 장소에 미리 연락하여 약속을 잡아야 합니다.

⭐ 답사하기 전, 면담할 질문을 미리 준비해야 합니다.

  답사 후, 보고서를 쓸 때는 면담을 통해 얻은 내용을 씁니다.

• 단어 뜻 익히기

  답사 현장으로 직접 가서 살펴보고 조사하는 것

  면담 사람을 만나 이야기하는 것

• 대화 속으로! 초성에 맞는 단어를 넣어 실감 나게 읽어 보세요.

 우리 체험 학습 때 가게 될 식당에 ㄷㅅ를 가 보자!

지난번처럼 ㅁㄷ할 때 엉뚱한 소리 안 하겠다고 약속해 준다면!

• 단어를 내 것으로 만드는 글쓰기

미래에는 바닷속으로도 체험 학습을 갈 수 있지 않을까요? 체험 학습을 위해 우리 반 친구 2명과 바닷속에 답사 다녀온 이야기를 **답사**라는 단어를 넣어 상상해 써 보세요.

38 자원, 희소성

• 교과 문장 소리 내어 읽기

   ★ 사람이 가진 **자원**이 충분하지 않기 때문에 선택의 문제가 생깁니다.

     사람들이 원하는 **자원**은 시대와 장소에 따라 달라집니다.

   ★ 우리가 현명하게 선택해야 하는 이유는 자원의 **희소성** 때문입니다.

     원하는 사람은 많은데 팔 물건이 적다면, 이건 **희소성**이 있는 물건입니다.

• 단어 뜻 익히기

  자원 인간 생활에 필요한 돈이나 물건

  희소성 욕구에 비해 자원이 부족한 상태

• 대화 속으로!   초성에 맞는 단어를 넣어 실감 나게 읽어 보세요.

    엄청나게 많은 **ㅈㅇ**을 가진 사람은 **ㅎㅅㅅ**을 안 느낄 것 같아.

    너도 알다시피 우리 집이 엄청난 부자잖아? 그래도 용돈에 **ㅎㅅㅅ**을 느껴.

• 단어를 내 것으로 만드는 글쓰기

  석유나 석탄은 매우 쓸모 있는 자원입니다. 만약 우리 아빠의 땅 밑에서 석유가 나온다면 어떻게 될까요? 석유 부자가 된 우리 집 이야기를 **자원**이라는 단어를 넣어 상상해 써 보세요.

39 선택, 합리적 선택

월   일

• 교과 문장 소리 내어 읽기

★ 우리는 음식을 먹을 때나 물건을 살 때 항상 선택하게 됩니다.

  사람마다 중요하게 생각하는 선택의 기준은 다릅니다.

★ 가장 적은 비용으로 가장 많은 만족감을 얻는 건 합리적 선택의 방법입니다.

  올바른 소비 습관을 기르려면 합리적 선택을 하는 연습을 해야 합니다.

• 단어 뜻 익히기

  선택 여러 개 중에서 필요한 것을 고르는 것

  합리적 선택 가장 적은 비용으로 가장 크게 만족하도록 선택하는 것

• 대화 속으로!   초성에 맞는 단어를 넣어 실감 나게 읽어 보세요.

붕어빵을 먹을까, 탕후루를 먹을까? 이건 너무 어려운 ㅅㅌ이야.

같은 값으로 더 맛있는 걸 고르는 게 ㅎㄹㅈ ㅅㅌ이지. 나는 붕어빵!

• 단어를 내 것으로 만드는 글쓰기

'토마토 맛 토'와 '토 맛 토마토' 중 반드시 하나를 먹어야 하는 상황이 되었습니다. 어떤 걸 선택할
것인가요? 선택이라는 단어를 넣어 상상해 써 보세요.

_____

_____

_____

_____

40 비용, 기회비용

• 교과 문장 소리 내어 읽기

★ 물건을 구매할 때는 어느 정도 비용이 필요한지 따져 봐야 합니다.
   돈이나 물건이 아닌 시간도 비용이라고 말할 수 있습니다.
★ 하나를 선택하여 다른 걸 포기해야 할 때, 포기한 것이 기회비용입니다.
   기회비용이 더 작은 것을 선택해야 만족감을 느낄 수 있습니다.

• 단어 뜻 익히기

비용   어떤 일을 할 때 필요한 돈
기회비용   A를 선택하여 포기하게 된 B의 값어치

• 대화 속으로!   초성에 맞는 단어를 넣어 실감 나게 읽어 보세요.

 떡볶이를 먹으면 튀김을 못 먹겠네. ㅂㅇ이 조금만 더 있었더라면….

ㄱㅎㅂㅇ은 언제나 생기는 법이지. 눈 딱 감고 둘 중 하나만 골라!

• 단어를 내 것으로 만드는 글쓰기

우리 반 선생님께서 만 원이라는 비용을 이용하여 편의점에서 마음껏 쇼핑할 기회를 주셨습니다. 무엇을 살 것인지 비용이라는 단어를 넣어 상상해 써 보세요.

_____

_____

_____

_____

41 생산, 소비

• 교과 문장 소리 내어 읽기

> ★ 우리 고장에서는 딸기가 많이 생산됩니다.
>
> 병원에서 환자를 치료하는 것도 넓은 뜻에서는 생산입니다.
>
> ★ 건강을 중요하게 생각하는 사람들이 많아지면서 탄산음료의 소비가 줄었습니다.
>
> 여름이 되면 아이스크림 소비가 늘어납니다.

• 단어 뜻 익히기

생산 사람들에게 필요한 여러 가지 물건을 만드는 것

소비 돈, 시간, 노력 등을 사용하는 것

• 대화 속으로! 초성에 맞는 단어를 넣어 실감 나게 읽어 보세요.

 와! 너무 예쁘다. 이것도 사고, 저것도 사야지. 난 ㅅㅂ 요정이니까!

너무 낭비하는 거 아냐? 너 덕분에 ㅅㅅ하시는 분들은 좋으시겠지만.

• 단어를 내 것으로 만드는 글쓰기

매운 음식의 인기가 높아지자, 과자 회사에서 마라 맛 쿠키, 아이스크림, 스낵 등을 생산하기 시작했습니다. 앞으로 어떤 매운 것들이 만들어지게 될지 생산이라는 단어를 넣어 상상해 써 보세요.

_____

_____

_____

_____

42 교류, 인적 교류

• 교과 문장 소리 내어 읽기

★ 물적 교류와 인적 교류 모두 무언가를 주고받는 교류입니다.

  나라끼리 석유를 사고파는 것은 교류를 보여 주는 예입니다.

★ 세계 여러 나라는 인적 교류를 통해 서로의 부족한 점을 채웁니다.

  다른 나라로 유학 가거나 일하러 가는 것은 인적 교류를 보여주는 예입니다.

• 단어 뜻 익히기

  교류 문화, 물건, 사상 등을 서로 주고받는 것

  인적 교류 사람과 관련된 것을 서로 주고받는 것

• 대화 속으로! 초성에 맞는 단어를 넣어 실감 나게 읽어 보세요.

 음식을 맛있게 만드는 능력도 ㄱㄹ할 수 있을까?

물론이지, 다른 나라의 유명한 요리사를 ㅇㅈ ㄱㄹ로 모셔 오면 되지!

• 단어를 내 것으로 만드는 글쓰기

  지구와 우주의 인적 교류를 위해 두 명의 외계인을 우리 학교에 선생님으로 보냈습니다. 외계인 선생님들은 어떤 교과를 가르치고, 어떻게 수업할까요? 인적 교류라는 단어를 넣어 상상해 써 보세요.

43 민주주의, 학교 자치

월   일

• 교과 문장 소리 내어 읽기

> ★ 민주주의 사회에서는 모든 사람이 자유롭게 의사결정에 참여합니다.
>   소수의 의견도 존중하는 태도가 민주주의의 기본입니다.
> ★ 학교에서 민주주의를 실천하는 게 학교 자치입니다.
>   전교 학생 회의, 학급 회의 등이 학교 자치와 관련된 활동입니다.

• 단어 뜻 익히기

민주주의 국민이 나라의 주인으로 권리를 자유롭고 평등하게 사용하는 정치 형태
학교 자치 학교의 일을 학교 구성원들이 스스로 잘 다스리는 것

• 대화 속으로! 초성에 맞는 단어를 넣어 실감 나게 읽어 보세요.

 내가 키도 크고, 힘도 가장 세니까 ㅎㄱ ㅈㅊ회의 회장을 할게.

넌 ㅁㅈㅈㅇ도 모르니? 회장이 되려면 당연히 선거를 해야지.

• 단어를 내 것으로 만드는 글쓰기

학교에서 학교 자치를 실천하기 위해 학년마다 '학년 회장'을 임명합니다. 학년 회장이 된 나는 우리 학년을 위해 어떤 일을 할 것인가요? 학교 자치라는 단어를 넣어 상상해 써 보세요.

54

44 주민 자치, 주민 참여

• 교과 문장 소리 내어 읽기

　★ 지역에서 민주주의를 실천하는 게 주민 자치입니다.

　주민 자치는 우리 지역의 문제에 관심을 가지는 것에서 시작합니다.

　★ 시청, 군청, 구청의 의사결정에 참여하는 것은 주민 참여의 방법입니다.

　주민 발의나 캠페인 활동에 참여하는 것도 주민 참여 활동입니다.

• 단어 뜻 익히기

　주민 자치 주민들이 주인의식을 가지고 지역의 문제 해결 과정에 참여하는 것

　주민 참여 주민들이 지역의 일에 끼어들어 관심을 두는 것

• 대화 속으로!　초성에 맞는 단어를 넣어 실감 나게 읽어 보세요.

　우리 아파트에 물놀이장을 만드는 문제로 ㅈㅁ ㅈㅊ 회의가 열린대!

　　ㅈㅁ ㅊㅇ는 중요하지. 회의에는 수영 잘하는 내가 다녀올게.

• 단어를 내 것으로 만드는 글쓰기

　동네에 대형 놀이터를 만들 계획입니다. 단, 전체 주민 70% 이상의 동의가 있어야 합니다. 동의를 얻기 위해 어떤 활동을 하는 게 좋을까요? 주민 참여라는 단어를 넣어 상상해 써 보세요.

_____

_____

_____

_____

45 정보화, 세계화

- 교과 문장 소리 내어 읽기

  ★ 정보화 사회에서는 컴퓨터를 통해 다양한 정보가 만들어집니다.

   정보화 사회에서는 개인 정보 유출, 사이버 폭력 등의 문제가 일어납니다.

  ★ 교통, 통신 기술이 발달하면서 세계화가 빠르게 진행되었습니다.

   세계화로 인해 다른 나라의 물건을 사거나 음식을 먹는 게 쉬워졌습니다.

- 단어 뜻 익히기

  정보화 정보를 중심으로 사회가 발전하는 것

  세계화 전 세계가 가까워지며 국가 간 경계가 무너지는 것

- 대화 속으로! 초성에 맞는 단어를 넣어 실감 나게 읽어 보세요.

   ㅅㄱㅎ가 되어서 참 좋아. 베트남 음식인 쌀국수도 마음껏 먹고!

   난 ㅈㅂㅎ 덕분에 최신 게임을 바로 알게 되어 너무 좋아!

- 단어를 내 것으로 만드는 글쓰기

  세계화 덕분에 우리의 전통 놀이인 공기놀이, 딱지치기, 연날리기, 윷놀이 중 하나가 미국에서 유행이라면 그것은 무엇일까요? 세계화라는 단어를 넣어 상상해 써 보세요.

46 지역 축제, 특산물

• 교과 문장 소리 내어 읽기

> ★ 지역에서는 관광객을 모으기 위해 다양한 지역 축제를 열고 있습니다.
>
> 지역 축제를 통해 지역과 지역 사이에 경제적 교류를 할 수 있습니다.
>
> ★ 강원도의 감자, 논산의 딸기처럼 지역마다 유명한 특산물이 있습니다.
>
> 요즘에는 인터넷 쇼핑으로 지역의 특산물을 쉽고 빠르게 구할 수 있습니다.

• 단어 뜻 익히기

지역 축제 지역에서 열리는 큰 행사

특산물 지역에서 생산되는 특별한 물건

• 대화 속으로! 초성에 맞는 단어를 넣어 실감 나게 읽어 보세요.

 드디어 우리 고장에서도 ㅈㅇ ㅊㅈ가 열리는구나!

우리 고장의 ㅌㅅㅁ인 사과를 하루 종일 먹으면서 홍보할 거야.

• 단어를 내 것으로 만드는 글쓰기

만약 산타클로스들이 모여 사는 산타클로스 마을이 있다면 그곳의 특산물은 어떤 음식일까요? 산타클로스가 좋아하는 음식일까요? 특산물이라는 단어를 넣어 상상해 써 보세요.

_____

_____

_____

47 기온, 강수량

• 교과 문장 소리 내어 읽기

> ⭐ 우리나라는 계절별로 기온의 차이가 큽니다.
>
> 보통 남쪽 지방은 기온이 높아 따뜻하고, 북쪽 지방은 기온이 낮아 춥습니다.
>
> ⭐ 우리나라는 지역과 계절에 따라 강수량의 차이도 큽니다.
>
> 제주도와 남해안 지역은 연평균 강수량이 많은 지역입니다.

• 단어 뜻 익히기

기온 대기의 온도

강수량 비, 눈, 우박 등이 내린 물의 총량

• 대화 속으로! 초성에 맞는 단어를 넣어 실감 나게 읽어 보세요.

 나는 ㄱㅇ이 낮고 ㄱㅅㄹ은 많은 곳에 살고 싶어.

음···. 그런 곳이라면 눈이 많이 오는 겨울 왕국 같은 곳?

• 단어를 내 것으로 만드는 글쓰기

낮 기온은 30도였다가, 저녁에는 −20도가 되어 버리는 기온 변화가 심한 고장이 있습니다. 이곳 사람들의 고민은 무엇일까요? **기온**이라는 단어를 넣어 상상해 써 보세요.

_____

_____

_____

48 자연환경, 의식주

• 교과 문장 소리 내어 읽기

⭐ 사람들이 사는 모습은 자연환경에 따라 조금씩 다릅니다.

　날씨에 영향을 주는 눈이나 비도 자연환경입니다.

⭐ 옛날과 오늘날의 의식주는 무엇이 달라졌는지 이야기해 봅시다.

　환경에 따라 다른 의식주 생활 모습을 그림으로 나타내 봅시다.

• 단어 뜻 익히기

자연환경　사람을 둘러싼 산, 들, 바다, 계곡과 같은 자연의 환경

의식주　사람이 사는 데 필요한 옷, 음식, 집을 묶어 가리키는 말

• 대화 속으로!　초성에 맞는 단어를 넣어 실감 나게 읽어 보세요.

산지촌의 ㅇㅅㅈ는 도시와 어떻게 다를까? 일단 먹는 게 다르겠지?

ㅈㅇㅎㄱ이 다르니까 그렇겠지? 그럼 네가 우리 반 대표로
산지촌에 가서 한 달 동안 살아 볼래?

• 단어를 내 것으로 만드는 글쓰기

만약 사계절이 아니라 여름이나 겨울 하나만 있는 나라가 있다면 그곳의 의식주는 우리나라와 무엇
이 다를까요? 의식주라는 단어를 넣어 상상해 써 보세요.

_____

_____

_____

49 촌락, 도시

- 교과 문장 소리 내어 읽기

  ★ 촌락과 도시의 공통점은 사람들이 모여 산다는 것입니다.
    규모에 차이가 있긴 하지만 촌락에도 도시처럼 중심지가 있습니다.
  ★ 사람들이 촌락에서 도시로 이동하는 이유를 생각해 봅시다.
    도시와 촌락은 상호의존하며 발전해야 합니다.

- 단어 뜻 익히기

  촌락 시골의 마을로, 농촌, 어촌, 산지촌으로 나뉨
  도시 경제, 문화의 중심이 되며 사람들이 많이 모여 사는 곳

- 대화 속으로! 초성에 맞는 단어를 넣어 실감 나게 읽어 보세요.

    내가 사는 이 좁은 ㅊㄹ을 벗어나 더 넓은 곳으로 갈 거야.

    이 큰 ㄷㅅ인 서울특별시가 촌락이라면, 넌 어딜 가야 하는 거냐?

- 단어를 내 것으로 만드는 글쓰기
  만약 초콜릿과 사탕으로 만들어진 도시가 있다면 어떤 모습일까요? 도시라는 단어를 넣어 초콜릿과
  사탕으로 만들어진 도시의 모습을 상상해 써 보세요.

  ☕ _____

  _____

  _____

  _____

50 개발, 보전

• 교과 문장 소리 내어 읽기

  ★ 환경을 생각하지 않고 심하게 자연을 개발하는 것은 국가가 금지하고 있습니다.
    개발하는 것도 중요하지만 환경을 오염시키지 않을 방법도 생각해야 합니다.
  ★ 자연환경을 깨끗하게 유지하는 것을 환경 보전이라고 합니다.
    그린벨트는 도시 주변의 자연환경을 보전하기 위해 만든 구역입니다.

• 단어 뜻 익히기

  개발 자연을 사람들에게 편리하게 바꾸는 것
  보전 보호하고 유지하는 것

• 대화 속으로! 초성에 맞는 단어를 넣어 실감 나게 읽어 보세요.

  우리 집 앞 공터를 ㄱㅂ해서 놀이터로 만들면 참 좋을 것 같아.

  그러면 넌 날마다 놀기만 할걸? 공터는 그대로 ㅂㅈ하는 게 좋을 것 같다.

• 단어를 내 것으로 만드는 글쓰기

  강아지, 고양이와 같은 반려동물과 함께 놀 수 있는 반려동물 공원을 만들려고 합니다. 공원을 어떻게 개발할 것인지 개발이라는 단어를 넣어 상상해 써 보세요.

  _____

  _____

  _____

  _____

2 과학 어휘 100

	어휘 목록	교과 연계
1	**저울, 무게**	물체의 무게
2	**지레, 빗면**	물체의 무게
3	**동물, 분류**	동물의 한살이
4	**식물, 서식**	식물의 한살이
5	**채집, 생김새**	동물의 한살이
6	**생물, 한살이**	동물의 한살이
7	**애벌레, 번데기**	동물의 한살이
8	**완전탈바꿈, 불완전탈바꿈**	동물의 한살이
9	**한해살이, 여러해살이**	식물의 한살이
10	**물체, 물질**	물질의 성질
11	**고체, 상태**	물질의 상태
12	**액체, 부피**	물질의 상태
13	**기체, 공간**	물질의 상태
14	**지구, 대기**	지구의 모습
15	**육지, 바다**	지구의 모습
16	**지표, 지형**	지구의 모습
17	**민물, 바닷물**	지구의 모습
18	**밀물, 썰물**	지구의 모습
19	**갯벌, 펄**	지구의 모습
20	**소리굽쇠, 소음**	소리의 성질
21	**감염, 감염병**	과학과 사회
22	**질병, 예방접종**	과학과 사회
23	**자석, 극**	자석의 이용
24	**나침반, 자기력**	자석의 이용
25	**증발, 끓음**	물의 상태 변화

여러분이 재미있게 공부할 수 있도록 월화수목금토, 요일에 따라 쓸 수 있는 여섯 가지 방법을 적어 뒀어요. 책에서 소개하는 100개의 교과 단어를 내 것으로 만들고 싶다면 아래 방법들을 활용해서 공부해 보세요!

월 교과 단어들의 뜻을 보기 전에 어떤 뜻인지 생각해 보는 날!

화 나만의 교과 단어장에 모르는 단어와 뜻을 적는 날!

수 단어만 공부하는 게 아니라 단어가 어떻게 활용되는지도 함께 기억하는 날!

목 과학 교과서에서 내가 알고 있는 단어를 찾아 ○표 하는 날!

금 더 알아보고 싶은 단어를 검색 사이트나 유튜브에서 찾아보는 날!

토 가족에게 뜻을 설명하고 교과 단어를 알아맞히는 게임을 하는 날!

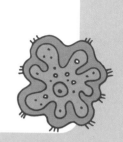

	어휘 목록	교과 연계
26	**수증기, 응결**	물의 상태 변화
27	**상류, 하류**	지표의 변화
28	**침식, 운반**	지표의 변화
29	**풍화, 퇴적**	지표의 변화
30	**화산, 화산활동**	화산과 지진
31	**화석, 지층**	지층과 화석
32	**화강암, 현무암**	화산과 지진
33	**용암, 화산재**	지층과 화석
34	**혼합물, 분리**	혼합물의 분리
35	**버섯, 곰팡이**	다양한 생물
36	**해캄, 짚신벌레**	다양한 생물
37	**달, 표면**	지구와 달의 운동
38	**위상 변화, 주기**	지구와 달의 운동
39	**태양, 태양계**	태양계와 별
40	**행성, 별**	태양계와 별
41	**별자리, 북극성**	태양계와 별
42	**자전, 공전**	지구와 달의 운동
43	**먹이, 먹이그물**	생물과 환경
44	**대기오염, 수질오염**	과학과 사회
45	**환경오염, 토양오염**	과학과 사회
46	**온도, 압력**	여러 가지 기체
47	**공기, 질소**	여러 가지 기체
48	**산소, 이산화탄소**	여러 가지 기체
49	**기후, 기후변화**	계절의 변화
50	**폭설, 폭염**	계절의 변화

1 저울, 무게

• 교과 문장 소리 내어 읽기

> ★ 용수철저울과 전자저울을 사용하여 물체의 무게를 비교할 수 있습니다.
>
> 저울을 사용하여 사과와 배의 무게를 비교해 봅시다.
>
> ★ 무게를 나타내는 단위에는 g과 kg이 있습니다.
>
> 무게를 정확하게 비교하려면 저울을 사용해야 합니다.

• 단어 뜻 익히기

저울 물건의 무게를 잴 때 사용하는 기구

무게 어떤 물건의 무거운 정도

• 대화 속으로! 초성에 맞는 단어를 넣어 실감 나게 읽어 보세요.

 미주야, 나 요즘 살찐 것 같아. 몇 kg일까? ㅈㅇ이 어디 있지?

날씬하면서 장난해? 나처럼 몸ㅁㄱ에 관심 꺼.

• 단어를 내 것으로 만드는 글쓰기

'내가 학교에 가져올 수 있는 것 중 가장 무거운 것 가져오기' 대회가 열린다면 나는 어떤 물건을 가져갈 건가요? 무게라는 단어를 넣어 대회에서 1등을 차지한 나의 이야기를 상상해 써 보세요.

_____

_____

_____

2 지레, 빗면

• 교과 문장 소리 내어 읽기

　　★ 지레를 이용하면 작은 힘으로도 물체를 들 수 있습니다.

　　　지레를 움직이려면 받침점이 있어야 합니다.

　　★ 빗면을 이용하면 물체의 무게보다 작은 힘으로 물체를 밀 수 있습니다.

　　　따라서 무거운 물건을 옮길 때 빗면을 이용하면 편리합니다.

• 단어 뜻 익히기

　지레 막대 아래 하나의 점을 받침점으로 하여 물체를 움직일 수 있는 장치

　빗면 비스듬하게 기울어진 면

　　　　　　　　　　　힘점　　　　　　　　　　　작용점

　　　　　　　　　　　　　　　　받침점

• 대화 속으로!　초성에 맞는 단어를 넣어 실감 나게 읽어 보세요.

　네가 오르막길 올라갈 때 **ㅂㅁ**의 원리로 밀어 줄까?

　아니 괜찮아. 시소 타면서 **ㅈㄹ**의 원리에 대해서나 이야기해 보자구.

• 단어를 내 것으로 만드는 글쓰기

만약 우리 학교에 빗면을 이용한 3층 높이의 커다란 초콜릿 미끄럼틀이 생긴다면 어떤 일이 일어날까요? 빗면이라는 단어를 넣어 상상해 써 보세요.

＿＿＿＿＿＿＿＿＿＿＿＿＿＿＿＿＿＿＿＿＿＿＿＿＿＿＿＿＿＿＿＿＿＿＿＿＿＿＿

＿＿＿＿＿＿＿＿＿＿＿＿＿＿＿＿＿＿＿＿＿＿＿＿＿＿＿＿＿＿＿＿＿＿＿＿＿＿＿

＿＿＿＿＿＿＿＿＿＿＿＿＿＿＿＿＿＿＿＿＿＿＿＿＿＿＿＿＿＿＿＿＿＿＿＿＿＿＿

3 동물, 분류

• 교과 문장 소리 내어 읽기

> ★ 집 주변에서 자주 볼 수 있는 동물은 강아지와 고양이입니다.
>
> 나비나 개미, 지렁이도 모두 동물입니다.
>
> ★ 기준에 따라 여러 가지 동물을 분류해 봅시다.
>
> 날개가 있는 것과 없는 것, 다리가 있는 것과 없는 것으로 분류할 수 있습니다.

• 단어 뜻 익히기

동물 다른 생물을 먹으며, 움직일 수 있는 생물

분류 종류에 따라서 나누는 것

• 대화 속으로! (초성에 맞는 단어를 넣어 실감 나게 읽어 보세요.)

 강아지를 기어다니는 ㄷㅁ로 ㅂㄹ하면 어떡해?

우리 집 강아지는 밥을 많이 먹어서 기어다닌단 말이야.

• 단어를 내 것으로 만드는 글쓰기

내가 원하는 동물 한 마리에게 사람처럼 말할 수 있는 능력을 줄 수 있습니다. 어떤 동물을 고를 건가요? 동물이라는 단어를 넣어 그 동물과 대화하는 이야기를 상상해 써 보세요.

4 식물, 서식

• 교과 문장 소리 내어 읽기

  ★ 식물은 뿌리, 줄기, 잎, 꽃 등으로 이루어집니다.

    식물의 종류에 따라 잎의 모양이 다릅니다.

  ★ 산, 연못, 바닷가에 서식하는 식물로 분류할 수 있습니다.

    식물이 사는 서식지를 깨끗하게 보전해야 합니다.

• 단어 뜻 익히기

  식물 광합성을 통해 스스로 양분을 얻으며, 움직일 수 없는 생물

  서식 생물 같은 것들이 자리를 잡고 살아가는 것

• 대화 속으로! 초성에 맞는 단어를 넣어 실감 나게 읽어 보세요.

   우리 동네 호수 공원에는 많은 동물과 ㅅㅁ이 있어.

  맞아! 그곳이 멸종 위기 식물들이 ㅅㅅ하는 곳 맞지?

• 단어를 내 것으로 만드는 글쓰기

  만약 내가 식물처럼 광합성을 하게 된다면 나에게 어떤 변화가 생길까요? 피부가 녹색으로 변할까
  요? 발바닥에서 뿌리가 자라날까요? 식물이라는 단어를 넣어 상상해 써 보세요.

_____

_____

_____

5 채집, 생김새

・교과 문장 소리 내어 읽기

⭐ 식물을 채집할 때는 하나의 가지에서 하나의 잎만 떼 내는 게 좋습니다.

곤충을 채집한 후 관찰이 끝나면 놓아줘야 합니다.

⭐ '도깨비바늘', '할미꽃'처럼 생김새에 따라 이름이 붙여진 식물이 있습니다.

낙하산은 민들레 씨의 생김새를 보고 만든 물건입니다.

・단어 뜻 익히기

채집 여러 곳을 찾아 원하는 것을 여러 개 모으는 것

생김새 생긴 모양의 상태

・대화 속으로! 초성에 맞는 단어를 넣어 실감 나게 읽어 보세요.

 이번 주말에 공원으로 곤충 ㅊㅈ하러 같이 갈래?

좋아! 메뚜기를 잡아서 ㅅㄱㅅ를 살펴보자. 너랑 얼마나 닮았는지.

・단어를 내 것으로 만드는 글쓰기

마법 재킷을 입으면 좋아하는 만화나 게임 속 주인공과 똑같은 생김새를 가질 수 있습니다. 마법 재킷으로 나를 어떻게 바꿔서 어떤 일을 하고 싶나요? 생김새라는 단어를 넣어 상상해 써 보세요.

_____

_____

_____

_____

6 생물, 한살이

• 교과 문장 소리 내어 읽기

⭐ 동물과 식물은 모두 생물에 들어가는 개념입니다.

바다에 사는 생물과 땅에 사는 생물을 찾아봅시다.

⭐ 고양이처럼 새끼를 낳는 동물들의 한살이를 알아봅시다.

씨가 자라서 꽃이 되고, 열매를 맺고, 다시 씨를 만드는 식물의 한살이도 알아봅시다.

• 단어 뜻 익히기

생물 생명을 가지고 사는 물체

한살이 동물이나 식물이 태어난 다음, 자손을 남기고 죽기까지의 과정

• 대화 속으로! 초성에 맞는 단어를 넣어 실감 나게 읽어 보세요.

 지구에 있는 모든 ㅅㅁ은 태어나서, 자손을 남기고, 죽겠지?

우리의 ㅎㅅㅇ는 어떻게 될지 진짜 궁금하다!

• 단어를 내 것으로 만드는 글쓰기

만약 바닷속 깊은 곳에 외계 생물이 숨어 살고 있다면? 그 외계 생물은 어떤 모습을 하고 있을까요?
무엇을 먹고살까요? 생물이라는 단어를 넣어 상상해 써 보세요.

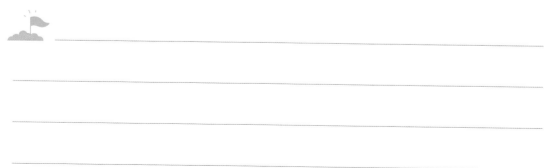

7 애벌레, 번데기

• 교과 문장 소리 내어 읽기

⭐ 배추흰나비는 알에서 애벌레로 변합니다.

애벌레는 허물을 벗으면서 점점 자랍니다.

⭐ 배추흰나비 애벌레는 입에서 실을 내어 몸을 고정하고, 약 12시간이 지나면

번데기가 됩니다.

배추흰나비의 번데기는 표면이 딱딱합니다.

• 단어 뜻 익히기

애벌레 알에서 나온 지 얼마 되지 않아 다 자라지 않은 아기 벌레

번데기 애벌레가 어른벌레로 변하는 중간 단계로, 고치 속에 들어 있는 벌레

• 대화 속으로! (초성에 맞는 단어를 넣어 실감 나게 읽어 보세요.)

 뭐야! 방에서 왜 ㅇㅂㄹ처럼 기어다니고 있는 거야?

무슨 소리! 나는 ㅂㄷㄱ야. 이불 좀 줘, 돌돌 말고 있을 거야.

• 단어를 내 것으로 만드는 글쓰기

아침에 눈을 떴더니 나의 팔다리가 없어졌습니다. 깜짝 놀라 거울을 봤더니, 거울 앞에는 커다란 애

벌레 한 마리가 있었습니다. 나는 앞으로 어떻게 될지 애벌레라는 단어를 넣어 상상해 써 보세요

_____

_____

_____

_____

8 완전탈바꿈, 불완전탈바꿈

• 교과 문장 소리 내어 읽기

⭐ 한살이 과정에서 번데기 과정을 거치는 것을 완전탈바꿈이라고 합니다.
　 나비, 파리, 모기 등이 완전탈바꿈을 하는 곤충입니다.
⭐ 한살이 과정에서 번데기 과정을 거치지 않는 것을 불완전탈바꿈이라고 합니다.
　 매미, 메뚜기, 사마귀 등이 불완전탈바꿈을 하는 곤충입니다.

• 단어 뜻 익히기

완전탈바꿈 '알, 애벌레, 번데기, 어른벌레'의 한살이 과정을 모두 거치는 것
불완전탈바꿈 번데기 단계를 거치지 않고 '알, 애벌레, 어른벌레'의 한살이 과정을
　　　　　　　거치는 것

• 대화 속으로! 　초성에 맞는 단어를 넣어 실감 나게 읽어 보세요.

배추흰나비는 ㅂㅇㅈㅌㅂㄲ이 아니고, ㅇㅈㅌㅂㄲ을 하는 곤충이래.

맞아, 번데기 과정을 거치잖아! 그런데 갑자기
번데기가 먹고 싶은 이유는 뭘까?

• 단어를 내 것으로 만드는 글쓰기

만약 곤충처럼 사람도 완전탈바꿈을 하면서 자라게 된다면? 사람의 번데기는 어떻게 생겼을까요?
사람의 성장 과정을 완전탈바꿈이라는 단어를 넣어 상상해 써 보세요.

9 한해살이, 여러해살이

- 교과 문장 소리 내어 읽기

  ★ 한해살이 식물은 봄에 나서 가을에 열매를 맺고 죽습니다.
   옥수수, 해바라기, 코스모스 등이 한해살이 식물입니다.
  ★ 여러해살이 식물은 여러 해 동안 죽지 않고 살아갑니다.
   사과나무, 감나무, 무궁화 등이 여러해살이 식물입니다.

- 단어 뜻 익히기

  한해살이 식물의 한살이 과정이 1년 동안 이루어지는 식물
  여러해살이 식물의 한살이 과정이 여러 해 동안 이루어지는 식물

- 대화 속으로! 초성에 맞는 단어를 넣어 실감 나게 읽어 보세요.

    ㅎㅎㅅㅇ와 ㅇㄹㅎㅅㅇ 식물, 둘 중에 어떤 식물이 더 행복할까?

   나는 한해살이! 한 해만 살게 된다면 하루하루가 소중할 것 같아.

- 단어를 내 것으로 만드는 글쓰기

  한해살이 식물인 해바라기, 옥수수, 호박, 강낭콩, 토마토, 오이! 만약 한해살이 식물들이 내년에도
  살고 싶다고 외치면 어떻게 할 건가요? 한해살이라는 단어를 넣어 상상해 써 보세요.

10   물체, 물질

• 교과 문장 소리 내어 읽기

★ 물체는 일정한 모양이 있으면서 공간을 차지합니다.

우리가 흔히 볼 수 있는 자동차나 자전거는 물체입니다.

★ 작은 물질 여럿이 모여 물체가 됩니다.

고무와 유리의 단단함이 다른 것처럼 물질은 종류마다 그 성질이 다릅니다.

• 단어 뜻 익히기

물체   모양이 있어 공간을 차지하는 모든 것

물질   물체 만드는 재료

• 대화 속으로!   초성에 맞는 단어를 넣어 실감 나게 읽어 보세요.

만약 UFO 같은 ㅁㅊ가 있다면, 어떤 ㅁㅈ로 만들어졌을까?

보통 때는 딱딱하지만, 원할 때는 젤리처럼 말랑해지는 고체?

• 단어를 내 것으로 만드는 글쓰기

내 책상 서랍에 정체를 알 수 없는 의심스러운 물체가 들어 있었습니다. 살짝 만져 봤더니 미끌미끌하고, 말캉했습니다. 이 물체는 무엇일까요? **물체**라는 단어를 넣어 상상해 써 보세요.

_____

_____

_____

_____

11   고체, 상태

• 교과 문장 소리 내어 읽기

  ★ 연필, 필통, 지우개, 교과서는 고체입니다.

    젤리처럼 단단하지 않고 말랑한 것도 고체입니다.

  ★ 우리 주변의 물질은 고체, 액체, 기체의 다양한 상태로 존재합니다.

    얼음은 고체 상태였다가 녹으면 액체로 변합니다.

• 단어 뜻 익히기

  고체 어떤 그릇에 담더라도 모양과 부피가 변하지 않는 물질의 상태

  상태 사물이나 현상이 존재하는 모양

• 대화 속으로! (초성에 맞는 단어를 넣어 실감 나게 읽어 보세요.)

   이런. 식탁 위에 올려 두었던 아이스크림이 다 녹아 버렸어.

  ㄱㅊ 아이스크림이 액체 ㅅㅌ로 바뀌었네? 그냥 우유처럼 마시는 건 어때?

• 단어를 내 것으로 만드는 글쓰기

  이 요술봉이라면 어떤 액체든 고체로 바꿀 수 있다고 합니다. 어떤 액체를 고체로 바꾸어 어떻게 사
  용할 것인지 고체라는 단어를 넣어 상상해 써 보세요.

12 액체, 부피

• 교과 문장 소리 내어 읽기

> ★ 물이나 우유 같은 액체는 담는 그릇에 따라 모양이 변합니다.
> 액체인 물을 냉동실에 얼리면 고체인 얼음이 됩니다.
> ★ 액체를 담는 그릇이 달라져도 액체의 부피는 달라지지 않습니다.
> 다른 그릇에 옮겨 담았던 액체를 처음 그릇에 담았을 때 높이가 같은 이유는
> 부피가 변하지 않았기 때문입니다.

• 단어 뜻 익히기

액체 어떤 그릇에 담느냐에 따라 모양은 변하더라도 부피는 변하지 않는 물질의 상태
부피 물체 또는 물질이 차지하는 공간의 크기

• 대화 속으로! (초성에 맞는 단어를 넣어 실감 나게 읽어 보세요.)

 왜 주스가 줄어든 거 같지? ㅇㅊ는 그릇에 따라 모양은 달라져도
ㅂㅍ는 변하지 않는데….

그건 말이야. 네가 화장실 갔을 때 내가 한 모금 마셨거든.

• 단어를 내 것으로 만드는 글쓰기

커다란 수영장에 물이 아닌 액체가 차 있는 상상을 해 봤나요? 초콜릿 우유? 오렌지 주스? '세상에서 가장 달콤한 수영장'으로 불리는 수영장의 모습을 액체라는 단어를 넣어 상상해 써 보세요.

13 기체, 공간

• 교과 문장 소리 내어 읽기

★ 기체는 대부분 눈에 보이지 않습니다.

  기체의 부피는 기체를 담은 용기의 부피와 같습니다.

★ 기체는 공간을 차지하는 성질을 가지고 있습니다.

  기체는 하나의 공간에서 다른 공간으로 이동하는 성질을 가지고 있습니다.

• 단어 뜻 익히기

  기체 어떤 그릇에 담느냐에 따라 모양과 부피가 변하는 물질의 상태

  공간 물체 또는 물질이 차지하는 범위

• 대화 속으로! 초성에 맞는 단어를 넣어 실감 나게 읽어 보세요.

 아이고, 배불러서 숨도 못 쉬겠네. ㄱㅊ도 못 마실 것 같아.

그 정도로 뱃속에 ㄱㄱ이 없다고? 역시 날씬한 친구는 뭐가 달라도 달라!

• 단어를 내 것으로 만드는 글쓰기

  산소는 색깔도 냄새도 없는, 무색무취의 기체입니다. 만약 우리가 매일 마시는 산소에서 지독한 방귀 냄새가 난다면 어떤 일이 일어날까요? **기체**라는 단어를 넣어 상상해 써 보세요.

14 지구, 대기

· 교과 문장 소리 내어 읽기

⭐ 산, 강, 호수 등은 지구 표면의 모습입니다.

지구 표면은 많은 부분이 바다로 이루어져 있습니다.

⭐ 지구의 대기에는 질소, 산소 같은 기체가 섞여 있습니다.

대기가 있어 지구로 들어오는 자외선을 막을 수 있습니다.

· 단어 뜻 익히기

지구 태양계에 속한 공 모양의 행성으로 사람이 살고 있는 곳

대기 지구의 표면을 둘러싼 기체

· 대화 속으로! 초성에 맞는 단어를 넣어 실감 나게 읽어 보세요.

 하하, 밥을 대체 얼마나 먹은 거야? 네 배가 ㅈㄱ본처럼 빵빵해!

놀리지 마! 이 불 주먹을 맞고 ㄷㄱ권 밖으로 날아가고 싶니?

· 단어를 내 것으로 만드는 글쓰기

지구가 오염되어 더 이상 살 수 없는 상황이 되었습니다. 인공지능 로봇과 함께 새로운 지구를 만들어야 합니다. 어떤 행성을 어떻게 만들 것인지 지구라는 단어를 넣어 상상해 써 보세요.

15 육지, 바다

· 교과 문장 소리 내어 읽기

⭐ 지구의 표면은 육지와 바다로 나눌 수 있습니다.

육지의 물에서는 짠맛이 나지 않습니다.

⭐ 지구 표면의 바다가 육지보다 넓습니다.

바다의 물은 육지의 물과 다르게 짠맛이 납니다.

· 단어 뜻 익히기

육지 짠물이 없는 지구의 표면

바다 짠물이 없는 육지를 뺀 지구의 나머지 표면

· 대화 속으로! 초성에 맞는 단어를 넣어 실감 나게 읽어 보세요.

 너는 ㅇㅈ와 ㅂㄷ 중 어디가 더 좋아?

당연히 ㅂㄷ지. 너도 알다시피 나는 ㅂㄷ처럼 마음이 넓은 친구잖니!

· 단어를 내 것으로 만드는 글쓰기

만약 상어와 똑같이 생긴 잠수함을 타고 바닷속을 마음껏 탐험한다면 어떤 풍경들을 볼 수 있을까요? 바다라는 단어를 넣어 상상해 써 보세요.

16 지표, 지형

· 교과 문장 소리 내어 읽기

⭐ 지표는 빗물, 강물, 파도 등에 의해 변화합니다.

흐르는 물에 의해 지표가 어떻게 변하는지 관찰해 봅시다.

⭐ 강과 바닷가 주변 지형의 특징을 알아봅시다.

바닷가 주변에서는 절벽, 동굴, 모래사장, 갯벌 같은 지형을 볼 수 있습니다.

· 단어 뜻 익히기

지표 땅의 겉면, 땅의 표면

지형 땅 겉면의 생김새, 지표의 생김새

· 대화 속으로! 초성에 맞는 단어를 넣어 실감 나게 읽어 보세요.

 우리 모래와 흙으로 바닷속 ㅈㅎ을 만들어 보자.

좋아. 지난번에 찰흙으로 ㅈㅍ 모형을 만들 때처럼 망치면 안 된다.

· 단어를 내 것으로 만드는 글쓰기

대부분 모래로 이루어진 지형인 사막에서 어떻게 놀 수 있을까요? 모래 썰매? 모래 집 만들기? 사막이라는 지형에서 할 수 있는 놀이에 대해 **지형**이라는 단어를 넣어 상상해 써 보세요.

17 민물, 바닷물

• 교과 문장 소리 내어 읽기

> ★ 민물은 염분이 거의 없어 사람들이 마실 수 있습니다.
>
> 민물에 사는 물고기는 바닷물에서 살지 못하는 경우가 많습니다.
>
> ★ 바닷물은 염분이 있어 민물보다 밀도가 높습니다.
>
> 바닷물은 파도가 계속 치기 때문에 민물과 달리 쉽게 얼지 않습니다.

• 단어 뜻 익히기

민물 염분이 없는 강, 호수의 물

바닷물 염분이 있는 바다의 물

• 대화 속으로!　초성에 맞는 단어를 넣어 실감 나게 읽어 보세요.

어렸을 때는 ㅂㄷㅁ에 살았다가 커서 ㅁㅁ로 가는 물고기가 뭐게?

너무 쉽잖아. 내가 좋아하는 연어! 기념으로 연어 초밥 먹으러 가자!

• 단어를 내 것으로 만드는 글쓰기

과학기술을 이용하여 바닷물의 짠맛을 다른 맛으로 바꿀 수 있다면 어떻게 바꿀 것인가요? 달콤하게? 맵게? 쓰게? 어떤 맛의 바닷물을 만들 것인지 바닷물이라는 단어를 넣어 상상해 써 보세요.

18 밀물, 썰물

• 교과 문장 소리 내어 읽기

> ★ 바다에는 하루에 두 번 정도 밀물과 썰물이 일어납니다.
>
> 밀물로 인해 바닷물의 표면이 가장 높아졌을 때를 '만조'라고 합니다.
>
> ★ 밀물과 썰물이 생기는 이유는 지구와 달 사이에 작용하는 힘 때문입니다.
>
> 썰물로 인해 바닷물의 표면이 가장 낮아졌을 때를 '간조'라고 합니다.

• 단어 뜻 익히기

밀물 바닷물이 육지 쪽으로 밀려 들어오는 것

썰물 바닷물이 바다 쪽으로 빠져나가는 것

• 대화 속으로! 초성에 맞는 단어를 넣어 실감 나게 읽어 보세요.

 ㅆㅁ 때라 이렇게 갯벌에서 진흙 놀이를 할 수 있네, 재밌다.

으악, 빨리 나가자! ㅁㅁ이 밀려오고 있어!

• 단어를 내 것으로 만드는 글쓰기

바닷물이 빠지는 썰물 때 나타났다가, 밀물 때 사라지는 비밀의 길이 있습니다. 이 길은 비밀의 섬과 연결되어 있고요. 그 섬을 어떻게 찾아갈 수 있는지 썰물이라는 단어를 넣어 상상해 써 보세요.

 _____

_____

_____

_____

19 갯벌, 펄

• 교과 문장 소리 내어 읽기

★ 갯벌은 오염된 바다를 깨끗하게 만들어 주는 역할을 합니다.

갯벌의 물을 빼내거나 메워서 땅으로 만드는 것을 간척이라고 합니다.

★ 갯벌을 펄이라고도 하는데, 우리나라의 서해안 쪽에 펄이 많습니다.

보령 머드 축제는 펄이라는 자연환경을 이용한 지역 축제입니다.

• 단어 뜻 익히기

갯벌 밀물 때 물에 잠기고, 썰물 때 진흙이 되는 땅

펄 갯벌을 가리키는 다른 말

• 대화 속으로! (초성에 맞는 단어를 넣어 실감 나게 읽어 보세요.)

 이 사진 볼래? 지난 주말에 가족들과 ㄱㅂ에서 잡은 꽃게야.

ㅍ에서 꽃게 잡다가 찔렸다며? 어디, 영광의 상처 좀 보자.

• 단어를 내 것으로 만드는 글쓰기

갯벌에는 게, 조개, 꼬막, 갯지렁이, 낙지 등의 생물이 살고 있습니다. 만약 내가 낙지라면, 갯벌 생물들과 어떤 하루를 보낼까요? 갯벌이라는 단어를 넣어 상상해 써 보세요.

20 소리굽쇠, 소음

· 교과 문장 소리 내어 읽기

★ 소리가 나는 소리굽쇠를 만지면 어떻게 될지 생각해 봅시다.

　소리가 나는 소리굽쇠에서는 떨림을 느낄 수 있습니다.

★ 소음을 들으면 기분이 나빠지거나 일에 집중하기 어려워집니다.

　도로에 설치된 방음벽은 소음을 줄이는 방법입니다.

· 단어 뜻 익히기

　소리굽쇠 한결같은 진동수의 소리를 내는 물건

　소음 듣기 싫은 시끄러운 소리

· 대화 속으로!　| 초성에 맞는 단어를 넣어 실감 나게 읽어 보세요.

 ㅅㄹㄱㅅ 좀 그만 두들겨! 이거 ㅅㅇ이란 말이야.

무슨 소리! 내가 직접 작곡한 음악이란 말야! 다시 잘 들어 봐!

· 단어를 내 것으로 만드는 글쓰기

　만약 듣기 싫은 시끄러운 소리를 모을 수 있는 소음 주머니가 있다면? 나의 소음 주머니 속에는 어떤 소음이 들어 있을까요? 소음이라는 단어를 넣어 상상해 써 보세요.

21 감염, 감염병

• 교과 문장 소리 내어 읽기

> ★ 재채기할 때 나오는 침으로 바이러스에 전염되는 걸 비말 **감염**이라고 합니다.
>   **감염**을 막기 위한 간단한 방법은 손을 깨끗하게 씻는 것입니다.
> ★ **감염병**은 전염되는 병과 전염되지 않는 병, 모두를 가리키는 말입니다.
>   수두나 홍역은 다른 사람에게 옮길 수 있는 **감염병**입니다.

• 단어 뜻 익히기

감염 미생물이 동물, 식물 안으로 들어가는 일
감염병 미생물이 생물 안으로 들어가 일으키는 병

• 대화 속으로! 초성에 맞는 단어를 넣어 실감 나게 읽어 보세요.

 나 아무래도 독감 바이러스에 **ㄱㅇ**된 거 같아.

요즘에 **ㄱㅇㅂ**이 유행이라던데, 일단 저쪽으로 좀 떨어져 줄래?

• 단어를 내 것으로 만드는 글쓰기

우리 반 전체가 웃음을 멈출 수 없는 웃음 바이러스에 감염되었습니다. 웃음 바이러스는 누구 때문에 시작되었을까요? 그리고 어떻게 감염될까요? **감염**이라는 단어를 넣어 상상해 써 보세요.

22 질병, 예방접종

• 교과 문장 소리 내어 읽기

> ★ 복통, 두통, 치통, 감기 등은 모두 질병입니다.
> 질병을 예방하기 위해 운동을 하거나 깨끗한 환경을 유지할 수 있습니다.
> ★ 예방접종을 하거나 신체를 깨끗하게 하는 것도 질병 예방을 위한 습관입니다.
> 감기는 종류가 다양해서 예방접종이 없지만, 독감은 예방접종이 있습니다.

• 단어 뜻 익히기

질병 몸에 있는 여러 가지 병

예방접종 전염병을 예방하기 위해 백신을 주사하는 것

• 대화 속으로! 초성에 맞는 단어를 넣어 실감 나게 읽어 보세요.

 ㅇㅂㅈㅈ만 잘 맞으면 그 무섭다는 사춘기도 예방되나?

맙소사! 사춘기는 감기 같은 ㅈㅂ이 아니잖아!

• 단어를 내 것으로 만드는 글쓰기

다음 주부터 공부하기 싫어하는 학생들은 매일 아침 학교에서 '빵점 예방접종'을 한답니다. 그럼 어떤 일이 생길까요? 예방접종이라는 단어를 넣어 상상해 써 보세요.

23 자석, 극

· 교과 문장 소리 내어 읽기

> ★ 철 클립이나 못은 모두 자석에 붙는 물체입니다.
>
> 동전은 자석에 붙을 것 같지만 철로 만들어지지 않아 붙지 않습니다.
>
> ★ 자석의 양쪽 끝에 N극과 S극이 있습니다.
>
> 자석의 극에는 철로 된 물체가 붙습니다.

· 단어 뜻 익히기

자석 클립, 못과 같이 철로 된 물체(쇳조각)를 끌어당기는 물체

극 전류가 들어오고 나가는 양쪽 끝

· 대화 속으로! 초성에 맞는 단어를 넣어 실감 나게 읽어 보세요.

 ㅈㅅ에서 같은 ㄱ끼리는 서로 밀어내잖아. 너랑 나는 같은 극일까?

내가 가까이 가면 네가 도망가는 걸 보니, 우린 같은 극인 거 같은데?

· 단어를 내 것으로 만드는 글쓰기

만약 내가 자석처럼 쇳조각을 끌어당길 수 있다면 내 몸에 어떤 것들을 붙이고 다닐 건가요? 가위? 못? 자석이라는 단어를 넣어 상상해 써 보세요.

24 나침반, 자기력

· 교과 문장 소리 내어 읽기

⭐ 나침반의 바늘은 자석으로 만들어졌습니다.

　 자석과 나침반이 가까워지면 나침반 바늘이 자석에 끌려갑니다.

⭐ 철로 만들어진 물체를 끌어당기는 힘을 자기력이라고 합니다.

　 칠판에 붙이는 색 자석, 냉장고 병따개 등은 자기력을 이용한 물체들입니다.

· 단어 뜻 익히기

나침반　자석의 성질을 사용해 방위를 알려 주는 도구

자기력　자석이 가지고 있는 힘

· 대화 속으로!　초성에 맞는 단어를 넣어 실감 나게 읽어 보세요.

지구는 ㅈㄱㄹ이 있는 커다란 자석이래. 지구의 북쪽이 S극이라는데?

그래서 ㄴㅊㅂ의 N극이 늘 북쪽을 가리키는 거네! 와, 제법 똑똑한데?

· 단어를 내 것으로 만드는 글쓰기

어느 날 아침 내가 나침반 속 바늘이 되었습니다. 나침반이 움직일 때마다 빙글빙글 돌아야만 하는 나는 어떤 기분일까요? 나침반이라는 단어를 넣어 상상해 써 보세요.

_____

_____

_____

25 증발, 끓음

• 교과 문장 소리 내어 읽기

> ★ 빨래가 마르는 것, 젖은 머리카락이 마르는 것은 증발의 예입니다.
>
>   주변의 온도가 높을수록 증발이 빠른 속도로 일어납니다.
>
> ★ 증발과 끓음의 공통점은 물이 수증기 상태로 변한다는 것입니다.
>
>   증발보다 끓음이 더 빠른 속도로 물을 수증기로 변하게 합니다.

• 단어 뜻 익히기

증발 액체(물)의 표면에서 액체가 기체(수증기)로 변하는 현상

끓음 끓는점 이상의 온도일 때 액체(물)의 표면과 내부에서 액체가 기체(수증기)로
      변하는 현상

• 대화 속으로! (초성에 맞는 단어를 넣어 실감 나게 읽어 보세요.)

  젖은 옷의 물에서 ㄲㅇ이 일어나서 내 옷이 벌써 다 말라 버렸네?

아이고, 내 속이 끓는다, 끓어. 그건 끓음이 아니고 ㅈㅂ이지!

• 단어를 내 것으로 만드는 글쓰기

만약 내가 빨래가 된다면? 물이 증발할 때까지 빨래 건조대에 걸려 있어야 한다면? 나의 기분을 증
발이라는 단어를 넣어 상상해 써 보세요.

26 수증기, 응결

월　　일

• 교과 문장 소리 내어 읽기

⭐ 가스레인지 위에 냄비를 놓고 물을 끓이면 수증기가 됩니다.
　　습도가 높은 날은 공기 중에 수증기가 많은 날입니다.
⭐ 얼음이 담긴 유리컵 표면에 물방울이 맺히는 것은 응결의 예입니다.
　　응결이 잘 일어나려면 공기 중에 수증기가 많아야 합니다.

• 단어 뜻 익히기

수증기　기체 상태의 물
응결　기체(수증기)가 액체(물)로 변하는 현상

• 대화 속으로!　　초성에 맞는 단어를 넣어 실감 나게 읽어 보세요.

 풀잎에 이슬 좀 봐. 공기 중에 있던 ㅅㅈㄱ가 ㅇㄱ해서 맺힌 거야.

와! 너 진짜 똑똑하다. 어떻게 그걸 다 아는 거야?

• 단어를 내 것으로 만드는 글쓰기

수증기가 응결되어 만들어진 안개. 뿌연 안개로 학교 가는 길이 전혀 보이지 않는다면 어떤 일이 일
어날까요? 수증기라는 단어를 넣어 상상해 써 보세요.

27 상류, 하류

• 교과 문장 소리 내어 읽기

> ★ 강의 상류는 강의 너비가 좁습니다.
>
> 　강의 상류에서는 높은 산이나 커다란 바위를 볼 수 있습니다.
>
> ★ 강의 하류는 강의 너비가 넓습니다.
>
> 　강의 하류에서는 넓은 평야나 들을 볼 수 있습니다.

• 단어 뜻 익히기

　상류 강이 시작되는 윗부분

　하류 강의 아랫부분

• 대화 속으로! 　초성에 맞는 단어를 넣어 실감 나게 읽어 보세요.

 강의 ㅅㄹ에서 보트를 타면 끝까지 30분 정도 걸린다고 하셨지?

그런데 나는 무서워서 보트는 못 타겠어. 난 ㅎㄹ에서 기다리고 있을게.

• 단어를 내 것으로 만드는 글쓰기

어느 날 미꾸라지가 되어 버린 나! 붕어, 잉어, 연어, 장어는 나의 친구들입니다. 강의 상류에서 출발해 하류까지 가는 길에 어떤 일을 겪게 될까요? 하류라는 단어를 넣어 상상해 써 보세요.

_____

_____

_____

28 침식, 운반

• 교과 문장 소리 내어 읽기

　★ 침식 작용을 통해 지표의 돌, 흙 등이 깎여 나갑니다.

　　강의 상류에서는 침식 작용이 활발하게 이루어집니다.

　★ 강물이 이렇게 깎인 돌과 흙을 하류로 운반합니다.

　　강의 하류에는 상류에서부터 만들어진 모래가 운반되어 쌓여 있습니다.

• 단어 뜻 익히기

　침식　돌이나 바위가 물이나 파도에 의해 깎이는 것

　운반　흙, 모래, 돌 등이 흐르는 물에 의해 옮겨지는 것

• 대화 속으로!　　초성에 맞는 단어를 넣어 실감 나게 읽어 보세요.

상류에 바위가 많네. 여기서 ㅊㅅ이 일어나는구나. 그런데 너 뭐 해?

강물이 돌을 ㅇㅂ하는 걸 도와주고 있어.

• 단어를 내 것으로 만드는 글쓰기

나는 강바닥의 모래나 자갈을 옮기는 강물입니다. 어떤 모래와 자갈을 어떻게 운반할 것인지 운반이
라는 단어를 넣어 상상해 써 보세요.

29 풍화, 퇴적

• 교과 문장 소리 내어 읽기

> ★ 풍화와 침식은 비슷하지만, 풍화는 바위나 돌, 침식은 지표와 관련 있습니다.
>   물과 공기, 식물의 뿌리는 **풍화** 작용이 일어나는 원인입니다.
> ★ **퇴적** 작용을 거치며 돌이나 흙이 낮은 곳에 쌓이게 됩니다.
>   강의 하류에서는 **퇴적** 작용이 활발하게 일어납니다.

• 단어 뜻 익히기

   풍화 돌이나 바위가 햇빛이나 바람에 의해 부서지는 것
   퇴적 흙, 모래, 돌 등의 알갱이들이 쌓이는 것

• 대화 속으로!   초성에 맞는 단어를 넣어 실감 나게 읽어 보세요.

  얼음 설탕을 흔들었더니 가루 설탕이 되었어. 이걸 **ㅍㅎ**라고 할 수 있는 거네.

오호, 똑똑해졌군. 그럼 이제 한 층씩 햄버거를 만들면서 **ㅌㅈ**을 알아볼까?

• 단어를 내 것으로 만드는 글쓰기

만약 내가 바람의 신이 되어 돌이나 바위를 부서트릴 수 있는 능력을 갖는다면, 이 능력을 어떻게 사용할 것인가요? **풍화**라는 단어를 넣어 상상해 써 보세요.

30 화산, 화산활동

• 교과 문장 소리 내어 읽기

⭐ 화산이 폭발할 때 화산 가스, 화산재 등이 함께 나옵니다.
화산 꼭대기에는 대부분 움푹 파인 분화구가 있습니다.
⭐ 화산활동이 일어날 때 지진이나 산사태 등이 함께 일어나기도 합니다.
백두산과 한라산은 **화산활동**으로 인해 만들어진 지형입니다.

• 단어 뜻 익히기

화산 땅속에 있는 마그마나 가스가 지표로 터져 나와 만들어진 지형
화산활동 지하에 있던 마그마가 땅의 겉면으로 뿜어져 나오는 것

• 대화 속으로! 초성에 맞는 단어를 넣어 실감 나게 읽어 보세요.

 여기가 바로 유명한 ㅎㅅ, 한라산 맞지? 저기까지 달려가 봐야지.

너무 쿵쿵 뛰지 말아라. ㅎㅅㅎㄷ 이 시작될 수도 있으니까!

• 단어를 내 것으로 만드는 글쓰기

나는 햄버거 개발자입니다. '화산 버거'라는 새로운 햄버거를 만들었습니다. 어떤 재료로 만들었고 어떤 맛이 날까요? 어떻게 생겼을까요? **화산**이라는 단어를 넣어 상상해 써 보세요.

31 화석, 지층

• 교과 문장 소리 내어 읽기

★ 죽은 생물 위에 퇴적물이 쌓여 화석이 만들어집니다.

　화석은 물고기 같은 동물 화석과 단풍잎 같은 식물 화석으로 분류됩니다.

★ 화석을 보면 어떤 지층에서 석탄와 석유가 나오는지 알 수 있습니다.

　지층이 휘어진 것을 습곡, 끊어져 어긋난 것을 단층이라고 합니다.

• 단어 뜻 익히기

화석　옛날에 살았던 동물과 식물의 흔적이 지층 속에 남아 있는 것
지층　자갈, 모래처럼 알갱이의 크기가 다른 돌들이 층을 이루는 것

• 대화 속으로!　　초성에 맞는 단어를 넣어 실감 나게 읽어 보세요.

　저기 절벽 좀 봐! 샌드위치처럼 겹겹이 층이 있네? 이게 ㅈㅊ 맞지?

맞아, 눈 크게 뜨고 ㅎㅅ이 있는지 봐 봐. 그렇게 발견된 화석이 많대!　

• 단어를 내 것으로 만드는 글쓰기

내가 학교 운동장에서 공룡 발자국 화석을 발견했습니다. 친구들이 물었습니다. "그걸 어떻게 찾았어? 어떻게 생겼어? 어떤 공룡의 발자국일까?" 화석이라는 단어를 넣어 나의 대답을 써 보세요.

_____

_____

_____

32 화강암, 현무암

• 교과 문장 소리 내어 읽기

⭐ 화강암은 지하에 있는 마그마가 천천히 굳어지면서 만들어진 암석입니다.
 화강암은 알갱이의 크기가 크고, 현무암은 알갱이의 크기가 작습니다.
⭐ 현무암은 지표 근처에서 용암이 빠르게 굳어지면서 만들어진 암석입니다.
 현무암은 구멍이 많이 뚫린 것도 있고 구멍이 없는 것도 있습니다.

• 단어 뜻 익히기

화강암 화성암의 한 종류. 색깔은 밝고, 표면은 현무암보다 매끄러움.
현무암 화성암의 한 종류. 색깔은 어둡고, 표면이 거침.

• 대화 속으로! 초성에 맞는 단어를 넣어 실감 나게 읽어 보세요.

 가족들이랑 석굴암에 갔는데 ㅎㅁㅇ으로 만든 불상이 정말 멋지더라.

석굴암은 ㅎㄱㅇ으로 만들어졌을걸? 돌하르방이 현무암이지.

• 단어를 내 것으로 만드는 글쓰기

제주도의 돌하르방. 현무암으로 만들어진 이 석상은 마을을 지키는 역할을 한답니다. 만약 우리 동네를 지키는 현무암이 있다면 어떤 모습일까요? 현무암이라는 단어를 넣어 상상해 써 보세요.

33 용암, 화산재

- 교과 문장 소리 내어 읽기

  ★ 화산이 폭발할 때 마그마가 땅 밖으로 나온 것이 용암입니다.

  　용암의 끈끈한 정도에 따라 화산의 모양이 달라집니다.

  ★ 화산재는 화산이 분출할 때 나오는 여러 물질 중 하나입니다.

  　화산재는 알갱이의 크기가 작은 회색 밀가루와 비슷하게 생겼습니다.

- 단어 뜻 익히기

  용암　화산이 만들어질 때 나오는 빨간색의 뜨거운 액체

  화산재　용암의 부스러기 중 알갱이가 작은 것

- 대화 속으로!　　초성에 맞는 단어를 넣어 실감 나게 읽어 보세요.

   이게 이번에 새로 나온 ㅇㅇ 버거구나. 흘러나오는 케첩이 용암 같네.

  　그렇다면 빵 위에 올려진 회색 가루는 ㅎㅅㅈ 같은 건가?

- 단어를 내 것으로 만드는 글쓰기

  화산이 분출할 때 함께 나오는 용암! 만약 용암이 뜨겁지 않고 시원한데, 우리 몸에도 해롭지 않다면 어떤 일이 생길까요? 시원한 용암으로 노는 방법을 **용암**이라는 단어를 넣어 상상해 써 보세요.

34 혼합물, 분리

- 교과 문장 소리 내어 읽기

  ★ 과일 샐러드, 비빔밥은 두 가지 이상의 물질이 섞여 있는 혼합물입니다.

  여러 가지 물질을 섞어 혼합물이 되어도 물질 각각의 성질은 변하지 않습니다.

  ★ 우리가 먹는 소금은 바닷물에서 소금을 분리하여 만든 것입니다.

  밀도 차이를 이용하여 혼합물을 분리할 수 있습니다.

- 단어 뜻 익히기

  혼합물 둘 이상의 물질이 섞여 있는 것

  분리 서로 나누어 떨어지게 하는 것

- 대화 속으로! 초성에 맞는 단어를 넣어 실감 나게 읽어 보세요.

   비빔밥에서 당근만 딱 빼서 ㅂㄹ해 놓은 사람이 누구지?

  나야, 나! 다른 ㅎㅎㅁ에서 당근을 분리하는 것도 나에게 맡겨!

- 단어를 내 것으로 만드는 글쓰기

  나는 요리사! 만약 너무 달아서 도저히 먹을 수 없는, 세상에서 가장 달콤한 혼합물 음식을 주문 받으면 어떻게 만들 건가요? **혼합물**이라는 단어를 넣어 상상해 써 보세요.

35 버섯, 곰팡이

• 교과 문장 소리 내어 읽기

> ★ 버섯은 동물과 식물로 구별할 수 없는 생물입니다.
>
> 버섯은 몸 전체가 길고 가느다란 여러 개의 가닥으로 이루어져 있습니다.
>
> ★ 곰팡이도 버섯처럼 길고 가느다란 가닥으로 이루어져 있습니다.
>
> 버섯과 곰팡이는 스스로 양분을 만들지 못해 다른 생물을 통해 양분을 얻습니다.

• 단어 뜻 익히기

버섯 그늘진 땅, 오래된 나무 등에서 자라는 균류

곰팡이 습하거나 어두운 곳에서 자라는 균류

• 대화 속으로! 초성에 맞는 단어를 넣어 실감 나게 읽어 보세요.

있잖아. 혹시 ㅂㅅ과 ㄱㅍㅇ가 서로 친구 사이인 거 알아?

웩, 정말? 그럼 내가 깨끗한 버섯 할테니, 너는 더러운 곰팡이 해 볼래?

• 단어를 내 것으로 만드는 글쓰기

내 앞에 빨강, 파랑, 보라, 세 가지 마법 버섯이 놓여 있습니다. 각각의 버섯을 먹으면 어떤 능력이 생길까요? 버섯이라는 단어를 넣어 상상해 써 보세요.

36 해캄, 짚신벌레

· 교과 문장 소리 내어 읽기

⭐ 해캄은 식물처럼 보이지만 뿌리, 줄기, 잎이 없습니다.

해캄은 버섯이나 곰팡이와 달리 스스로 양분을 만들 수 있습니다.

⭐ 짚신벌레도 버섯처럼 동물과 식물로 구별할 수 없는 생물입니다.

짚신벌레는 몸에 있는 털로 움직이고, 몸의 구멍을 통해 생물을 먹습니다.

· 단어 뜻 익히기

해캄 호수나 하천, 늪에서 사는 초록색 머리카락 모양의 원생생물

짚신벌레 끝이 둥근 매우 작은 짚신 모양의 단세포 원생생물

· 대화 속으로! 초성에 맞는 단어를 넣어 실감 나게 읽어 보세요.

 만약에 ㅎㅋ이랑 ㅈㅅㅂㄹ가 달리기 시합을 하면 누가 이길까?

당연히 짚신벌레지. 몸에 있는 털로 조금씩 움직이면 되니까.

· 단어를 내 것으로 만드는 글쓰기

짚신을 닮았다고 하여 이름 붙여진 짚신벌레. 만약 짚신벌레가 몬스터처럼 3단 진화를 한다면 어떻게 변할까요? 짚신벌레라는 단어를 넣어 3단계 진화 과정을 상상해 써 보세요.

_____

_____

_____

_____

37 달, 표면

월　　　일

• 교과 문장 소리 내어 읽기

⭐ 지구처럼 달에도 육지와 바다가 있습니다.

달은 지구와 다르게 다양한 지형은 없습니다.

⭐ 달의 표면에는 지구와 달리 물이 없습니다.

달의 표면에서 밝게 보이는 곳을 육지, 어둡게 보이는 곳을 바다라고 부릅니다.

• 단어 뜻 익히기

달　지구 주위를 도는 공 모양의 물질 덩어리

표면　가장 바깥쪽 부분

• 대화 속으로! (초성에 맞는 단어를 넣어 실감 나게 읽어 보세요.)

내가 어제 엄마랑 만든 보름ㄷ 쿠키야, 한번 먹어 볼래?

쿠키 ㅍㅁ에 있는 이건 뭐야? 달에 있는 크레이터처럼 생겼다.

• 단어를 내 것으로 만드는 글쓰기

동생과 나눠 먹기로 했던 보름달 케이크를 조금씩 먹다 보니, 어느새 초승달이 되었습니다. 어떤 거짓말을 하면 이 상황을 넘길 수 있을까요? 달이라는 단어를 넣어 상상해 써 보세요.

38 위상 변화, 주기

• 교과 문장 소리 내어 읽기

  ★ 달의 위상 변화는 지구에서 보는 달의 모습이 변하는 것을 말합니다.
    달의 위상 변화 주기는 29.5일입니다.
  ★ 달은 자전 주기와 공전 주기가 같습니다.
    달의 모양은 대략 한 달을 주기로 계속해서 반복됩니다.

• 단어 뜻 익히기

  위상 변화 위치나 상태, 모양의 변화
  주기 어떤 현상이 일어난 다음, 다시 그 현상이 일어나기까지의 기간

• 대화 속으로!   초성에 맞는 단어를 넣어 실감 나게 읽어 보세요.

오늘부터 저녁마다 달의 ㅇㅅ ㅂㅎ를 직접 관찰할 거야.

어째 믿음이 안 간다. ㅈㄱ가 한 달 정도 된다는데, 꾸준히 할 수 있겠어?

• 단어를 내 것으로 만드는 글쓰기

  달의 위상 변화는 초승달, 보름달, 그믐달의 순서로 이루어집니다. 달에 사는 토끼는 세 가지 중 어떤 달을 좋아할까요? 그 이유는 무엇일까요? 위상 변화라는 단어를 넣어 상상해 써 보세요.

39 태양, 태양계

· 교과 문장 소리 내어 읽기

> ★ 태양은 태양계에 있는 천체 중에서 유일하게 스스로 빛을 냅니다.
>
> 태양의 빛과 열이 있어 지구의 동물과 식물이 살아갈 수 있습니다.
>
> ★ 태양계는 태양, 행성, 소행성, 위성, 혜성 등으로 구성됩니다.
>
> 태양계의 행성에는 수성, 금성, 지구, 화성, 목성, 토성, 천왕성, 해왕성이 있습니다.

· 단어 뜻 익히기

태양 태양계의 중심이 되는 스스로 빛을 내는 별

태양계 태양과 태양을 중심으로 운동하는 천체들의 모음

· 대화 속으로! 초성에 맞는 단어를 넣어 실감 나게 읽어 보세요.

 짜잔! ㅌㅇㄱ 사탕이야. 어떤 별 먹을래?

당연히 나처럼 스스로 빛나는 ㅌㅇ 사탕이지.

· 단어를 내 것으로 만드는 글쓰기

만약 태양이 없어진다면 어떻게 될까요? 낮과 밤 구분 없이 온종일 까맣게 어둡기만 한 세상이 된다면 우리의 삶은 어떤 점이 달라질까요? **태양**이라는 단어를 넣어 상상해 써 보세요.

_____

_____

_____

40 행성, 별

• 교과 문장 소리 내어 읽기

⭐ 태양계에는 수성, 금성, 지구를 포함한 여덟 개의 행성이 있습니다.
  행성 주위를 도는 천체를 위성이라고 합니다.
⭐ 별은 행성과 달리 지구에서 매우 멀리 떨어져 있습니다.
  별, 행성, 소행성처럼 우주에 있는 물질 덩어리를 가리켜 천체라고 합니다.

• 단어 뜻 익히기

행성 스스로 빛을 내지 못하며 중심 별의 주위를 도는 천체
별 스스로 빛을 내는 천체

• 대화 속으로! 초성에 맞는 단어를 넣어 실감 나게 읽어 보세요.

 나는 다시 태어나면 ㅂ이 될 거야.

그럼 나는 네 주변을 빙빙 도는 ㅎㅅ이 되어서 네 곁에 있어 줄게.

• 단어를 내 것으로 만드는 글쓰기

나는 사탕 개발자입니다. 하얀색 금성, 붉은색 화성, 푸른색 지구. 이 세 행성을 닮은 사탕은 어떻게 만들까요? 어떤 맛일까요? 행성이라는 단어를 넣어 상상해 써 보세요.

41 별자리, 북극성

• 교과 문장 소리 내어 읽기

> ★ 별자리를 이용하면 별을 쉽게 기억하고 찾을 수 있습니다.
> 북쪽 밤하늘에서는 북두칠성, 작은곰자리 등의 별자리를 볼 수 있습니다.
> ★ 작은곰자리에서 가장 밝은 별이 북극성입니다.
> 북극성은 계절에 상관없이 1년 내내 볼 수 있습니다.

• 단어 뜻 익히기

별자리 밤하늘에 떠 있는 별에 사람들이 만들어 준 이름
북극성 지구 자전축의 북쪽과 가장 가까운 별

• 대화 속으로! 〔 초성에 맞는 단어를 넣어 실감 나게 읽어 보세요. 〕

작은곰자리에서 꼬리 끝부분에 있는 게 ㅂㄱㅅ 맞지?

맞아. 너 ㅂㅈㄹ 좀 아는구나? 난 8월에 태어나서 사자자리야. 으르렁!

• 단어를 내 것으로 만드는 글쓰기

전갈자리, 사자자리, 게자리처럼 별들에게 새로운 이름을 붙인다면, 어떤 이름이 있을까요? **별자리**
라는 단어를 넣어 새로운 별자리 이름과 모습을 상상해 써 보세요.

_____

_____

_____

42 자전, 공전

・교과 문장 소리 내어 읽기

⭐ 지구는 서쪽에서 동쪽으로(시계 반대 방향) 하루에 한 바퀴씩 자전합니다.
　　가상으로 만든 자전축을 따라 자전하는 것입니다.
⭐ 지구는 태양을 중심으로 1년에 한 바퀴씩 공전합니다.
　　계절에 따라 볼 수 있는 별자리가 달라지는 것은 지구의 공전 때문입니다.

・단어 뜻 익히기

　자전 하나의 천체가 축을 중심으로 스스로 회전하는 운동
　공전 하나의 천체가 다른 천체를 중심으로 하여, 그 천체의 둘레를 도는 운동

・대화 속으로!　 초성에 맞는 단어를 넣어 실감 나게 읽어 보세요.

　그만 좀 돌아! 네가 지구도 아닌데, 왜 아까부터 계속 ㅈㅈ하고 있어?

　사실 내 이름은 김지구야. 넌 나의 태양이니까 ㄱㅈ하는 것도 보여 줄까?　

・단어를 내 것으로 만드는 글쓰기

　스스로 한 바퀴를 회전하는 자전. 우리 반 친구들이 모두 제자리에서 자전하기 시작하면, 선생님께서는 어떻게 말씀하고 행동하실까요? 자전이라는 단어를 넣어 상상해 써 보세요.

_____

_____

_____

43 먹이, 먹이그물

• 교과 문장 소리 내어 읽기

> ★ 메뚜기는 개구리의 먹이가 되고, 개구리는 뱀의 먹이가 됩니다.
> 하나의 생물이 없어지면 다른 생물의 먹이가 없어져, 그 생물도 못 살게 됩니다.
> ★ 생물들끼리 먹고 먹히는 모습이 사슬처럼 연결된 것을 먹이그물이라고 합니다.
> 먹이그물이 복잡할수록 생태계의 평형이 깨지지 않는 안정된 생태계입니다.

• 단어 뜻 익히기

먹이 동물이 살기 위해 먹는 먹을거리

먹이그물 여러 개의 먹이사슬이 얽혀 그물처럼 보이는 것

• 대화 속으로! 초성에 맞는 단어를 넣어 실감 나게 읽어 보세요.

 잠깐 조용히 해 줄래? 지금 ㅁㅇㄱㅁ을 그리는 중이란 말이야.

알겠어. 너의 ㅁㅇ로 나를 그리는 건 아니겠지?

• 단어를 내 것으로 만드는 글쓰기

나는 달콤한 먹이를 좋아하는 강아지입니다. 그런데 엄마는 짜디짠 뼈 간식만 줍니다. 만약 내가 사람들의 말을 할 수 있다면 어떻게 말하고 싶나요? 먹이라는 단어를 넣어 상상해 써 보세요.

 _____

_____

_____

_____

44 대기오염, 수질오염

• 교과 문장 소리 내어 읽기

⭐ 황사나 미세먼지는 대기오염의 대표적인 예입니다.

걷거나 대중교통을 이용하는 것은 대기오염을 막는 데 도움이 됩니다.

⭐ 가정에서 나오는 하수, 공장의 폐수가 수질오염을 일으킵니다.

세제를 줄이거나 세탁물을 모아 빠는 것은 수질오염을 막기 위한 노력입니다.

• 단어 뜻 익히기

대기오염 매연, 먼지 등으로 인해 공기가 더러워지는 현상
수질오염 하천, 바다 등이 오염 물질로 인해 더러워지는 현상

• 대화 속으로! 초성에 맞는 단어를 넣어 실감 나게 읽어 보세요.

 나는 ㄷㄱㅇㅇ을 막기 위해 오늘부터 자동차를 안 탈 거야.

나도 질 순 없지. 나는 ㅅㅈㅇㅇ을 막기 위해 세수를 안 할 거야.

• 단어를 내 것으로 만드는 글쓰기

오염된 물에 내가 개발한 약품 한 방울만 떨어뜨리면 마실 수 있는 깨끗한 물로 바뀌죠. 이 약품의 이름은 무엇이고 어떻게 사용할까요? 수질오염이라는 단어를 넣어 상상해 써 보세요.

_____

_____

_____

_____

45 환경오염, 토양오염

• 교과 문장 소리 내어 읽기

> ★ 환경오염은 대기오염, 수질오염, 토양오염을 포함하는 개념입니다.
>   환경오염이 계속되면 생물들이 살기 어려워집니다.
> ★ 쓰레기, 비료, 농약 등으로 인해 토양오염이 일어납니다.
>   토양오염이 일어나면 땅에서 악취가 나고, 식물이 살 수 없는 땅이 됩니다.

• 단어 뜻 익히기

환경오염 환경이 더러워지는 현상
토양오염 사람들로 인해 흙과 땅이 더러워지는 현상

• 대화 속으로! 초성에 맞는 단어를 넣어 실감 나게 읽어 보세요.

  ㅎㄱㅇㅇ을 막기 위해 비료 대신 내 똥으로 거름을 줘야지.

으악! 똥이라니! ㅌㅇㅇㅇ이 더 심해지는 거 아니야?

• 단어를 내 것으로 만드는 글쓰기

나는 지구를 더럽히는 데 재미를 느끼는 나쁜 악당입니다. 내가 원하는 대로 환경오염을 시킬 수 있다면 나는 어떤 행동을 할까요? 환경오염이라는 단어를 넣어 상상해 써 보세요.

46 온도, 압력

• 교과 문장 소리 내어 읽기

> ★ 공기의 온도를 기온, 몸의 온도를 체온, 물의 온도를 수온이라고 합니다.
> 온도로 물질의 따뜻하고 차가운 정도를 정확하게 나타낼 수 있습니다.
> ★ 액체는 압력을 가해도 부피가 변하지 않습니다.
> 기체는 압력을 세게 가하면 부피가 작아집니다.

• 단어 뜻 익히기

온도 따뜻하고 차가운 정도를 숫자로 표시한 것
압력 두 개의 물체가 마주 보고 있을 때 누르는 힘

• 대화 속으로! 초성에 맞는 단어를 넣어 실감 나게 읽어 보세요.

 탁구공이 찌그러져 버렸네. 두 손으로 ㅇㄹ을 주면 펴질까?

아니! 지난번에 ㅇㄷ가 높은 물에 넣었더니 감쪽같이 펴지더라.

• 단어를 내 것으로 만드는 글쓰기

만약 내가 교실의 온도를 원하는 대로 바꿀 수 있다면? 국어 시간의 온도는 어떻게 할까요? 체육 시간이나 쉬는 시간은요? 온도라는 단어를 넣어 교실의 온도를 바꾸는 이야기를 상상해 써 보세요.

47 공기, 질소

• 교과 문장 소리 내어 읽기

★ 여러 가지 기체가 섞여 있는, 기체 혼합물이 공기입니다.

공기는 눈에 보이지 않지만, 무게를 가지고 있습니다.

★ 질소는 공기보다 가볍고, 물에 잘 녹지 않는 성질이 있습니다.

과자를 부서지지 않게 보호하려고 과자 봉지 속에 질소를 넣습니다.

• 단어 뜻 익히기

공기 지구를 둘러싸고 있는 색깔과 냄새가 없는 기체

질소 공기의 5분의 4를 차지하는 색깔과 냄새가 없는 기체

• 대화 속으로! 초성에 맞는 단어를 넣어 실감 나게 읽어 보세요.

이 과자 엄청 많은지 알았더니, 애걔! 과자 반 ㄱㄱ 반이었어.

ㅈㅅ를 아주 그냥 빵빵하게 넣었구먼.

• 단어를 내 것으로 만드는 글쓰기

'질소 금지법'이 생겨서 과자 봉지에 질소를 넣지 못하게 되면 어떤 일이 생길까요? 봉지 과자들이 없어질까요? 잘 깨지지 않는 과자들만 살아남을까요? 질소라는 단어를 넣어 상상해 써 보세요.

_____

_____

_____

_____

48 산소, 이산화탄소

• 교과 문장 소리 내어 읽기

    ★ 기체인 산소는 액체나 고체처럼 물에 녹습니다.

       물속 생물들은 물에 녹아 있는 산소를 이용해 숨을 쉽니다.

    ★ 이산화탄소는 공기보다 1.5배 무겁습니다.

       소화기, 탄산음료, 소화제, 드라이아이스 등에 이산화탄소가 들어 있습니다.

• 단어 뜻 익히기

  산소 질소와 함께 공기를 이루고 있는 색깔과 냄새가 없는 기체

  이산화탄소 물질이 탈 때 생기는 색깔과 냄새가 없는 기체

• 대화 속으로! 초성에 맞는 단어를 넣어 실감 나게 읽어 보세요.

    ㅅㅅ와 ㅇㅅㅎㅌㅅ의 가장 큰 차이가 뭔지 알아?

          정답은 글자 수! 산소는 두 글자, 이산화탄소는 다섯 글자!

• 단어를 내 것으로 만드는 글쓰기

  이산화탄소가 들어 있는 탄산음료, 콜라, 사이다 말고 세상에 아직 없는 탄산음료를 만들어 볼까요?

  어떤 색깔, 어떤 맛일까요? 이산화탄소라는 단어를 넣어 상상해 써 보세요.

49 기후, 기후변화

• 교과 문장 소리 내어 읽기

★ 세계기상기구(WMO)는 30년 동안의 날씨 정보를 바탕으로 기후를 살핍니다.
기후에 영향을 미치는 원인에는 지형, 해발고도, 바다와의 거리 등이 있습니다.
★ 과거와 최근의 날씨 뉴스를 비교해 보면 기후변화를 알 수 있습니다.
기후변화는 전 지구가 함께 해결해야 하는 문제입니다.

• 단어 뜻 익히기

기후 오랜 시간 동안 나타난 기온, 강수량 등 날씨의 평균값
기후변화 시간이 지나면서 기후가 변하는 것

• 대화 속으로! (초성에 맞는 단어를 넣어 실감 나게 읽어 보세요.)

 요즘 ㄱㅎ는 참 종잡을 수가 없어. 이번 겨울은 왜 유난히 춥지?

ㄱㅎㅂㅎ 때문이란다. 지구온난화로 북극 얼음이 녹고 있어서래.

• 단어를 내 것으로 만드는 글쓰기

매우 추운 기후의 남극과 북극. 남극의 펭귄과 북극의 북극곰이 서로 영상 통화를 했습니다. 두 동물 사이의 대화를 **기후**라는 단어를 넣어 상상해 써 보세요.

50 폭설, 폭염

• 교과 문장 소리 내어 읽기

⭐ 폭설, 폭염, 호우, 가뭄, 태풍 등은 자연재해입니다.
우리나라 강원도 지역에서 폭설이 자주 내립니다.
⭐ 폭염의 원인은 지표 온도가 상승하는 지구온난화 때문입니다.
폭염이 계속되면 물을 충분히 마시고, 외출하지 않는 게 좋습니다.

• 단어 뜻 익히기

폭설 많은 눈이 집중적으로 내리는 현상
폭염 낮 최고 기온이 33도를 넘는 매우 더운 현상

• 대화 속으로! 초성에 맞는 단어를 넣어 실감 나게 읽어 보세요.

 아이고, 이렇게 ㅍㅅ이 내리면 어째. 차라리 더운 게 나은 거 같아.

지난 여름 ㅍㅇ에는 차라리 폭설이 좋다고 하지 않았니?

• 단어를 내 것으로 만드는 글쓰기

폭설로 어른들의 가슴 높이까지 눈이 쌓였습니다. 어린이들은 높이 쌓인 눈 속을 어떻게 헤치고 다녀야 할까요? 눈 속에서 일어날 일을 폭설이라는 단어를 넣어 상상해 써 보세요.

113

퀴즈 퀴즈! 교과 어휘

* 퀴즈의 재미를 위해 책의 수록 순서를 섞어 구성했습니다.
오른쪽 단어를 가리고 퀴즈를 알아맞혀 본 다음, 왼쪽 설명을 가리고 단어 뜻을 말해 보세요.

1 사회 어휘 100

1	사람이 모여 사는 곳	고장
2	행정구역 중 하나로 특별행정구역인 도시 예) 서울특별시	특별시
3	지방자치단체의 행정구역 중 하나인 광역자치단체	광역시
4	어떤 일이 일어나는 곳	장소
5	지구 주위를 도는 인공의 물체	인공위성
6	예전부터 전해 내려오는 이야기	전설
7	자기 능력을 믿고 당당하게 생각하는 마음	자부심
8	한 쌍의 부부와 결혼하지 않은 자녀가 함께 사는 가족	핵가족
9	가족을 이루고 있는 사람들	가족 구성원
10	세상에 나오는 것	출생
11	자식과 손자를 가리키는 말	자손
12	한 나라의 구성원이 될 수 있는 자격	국적
13	공정하지 못하고 한쪽으로만 나쁘게 바라보는 생각	편견
14	일을 하여 돈을 버는 것	벌이
15	아이를 낳지 않거나 적게 낳는 것	저출산
16	65세 이상의 노인 인구 비율이 늘어나는 것	고령화
17	아들과 딸을 가리키는 말	자녀
18	어떤 행동을 하지 않을 때 불안하거나 정상적인 활동을 못 하는 것	중독
19	다른 나라의 국적을 가진 사람	외국인
20	혼자 사는 가구	1인 가구
21	짝이 되는 친구	반려
22	해마다 기념하는 날	명절
23	명절에 지내는 제사	차례
24	익은 농산물을 따서 담거나 모으는 일	수확
25	교통에 이용하는 길 (도로수로, 항공로 등)	교통로

26	철제 궤도 위로 사람이나 짐을 옮기는 시설	철도
27	소식을 전하는 것	통신
28	사람을 통해 편지로 소식을 전하는 것	서찰
29	문제를 해결하는 데 필요한 지식	정보
30	지구의 표면을 줄여 기호를 이용해 평면에 그린 그림	지도
31	지도에서 어떤 뜻을 나타낼 때 사용하는 부호나 간단한 그림	기호
32	방위를 나타내는 표	방위표
33	높고 낮은 정도	높낮이
34	중요한 내용만 담아 간단하게 그린 지도	약도
35	궁전이나 석탑, 절처럼 형태가 있는 문화유산	유형 문화유산
36	잘 보호하여 지키는 것	보존
37	현장으로 직접 가서 살펴보고 조사하는 것	답사
38	인간 생활에 필요한 돈이나 물건	자원
39	여러 개 중에서 필요한 것을 고르는 것	선택
40	어떤 일을 할 때 필요한 돈	비용
41	사람들에게 필요한 여러 가지 물건을 만드는 것	생산
42	물질적인 것을 서로 주고받는 것	교류
43	국민이 나라의 주인으로 권리를 자유롭고 평등하게 사용하는 정치 형태	민주주의
44	주민들이 주인의식을 가지고 지역의 문제 해결 과정에 참여하는 것	주민 자치
45	정보를 중심으로 사회가 발전하는 것	정보화
46	지역에서 열리는 큰 행사	지역축제
47	대기의 온도	기온
48	사람을 둘러싼 산, 들, 바다, 계곡과 같은 자연의 환경	자연환경
49	시골의 마을로, 농촌, 어촌, 산지촌으로 나뉨	촌락
50	자연을 사람들이 편리하게 바꾸는 것	개발
51	인공위성에서 찍은 사진을 지도로 나타낸 것	디지털 영상 지도
52	정부가 직할하는 상급 지방 자치 단체, 예) 제주특별자치도	특별자치도
53	시나 군을 관리하는 지방 행정 구역의 하나	도
54	어떤 장소에서 느끼는 느낌이나 생각	장소감
55	원격으로 조종할 수 있는 사람이 타지 않는 날아다니는 물체	드론
56	사물이나 일이 생기는 것	유래
57	나라를 보호하고 지키는 것	호국

58	부부와 결혼한 자녀들이 함께 사는 가족	확대가족
59	수가 많은 가족	대가족
60	사람이 죽는 것	사망
61	부모, 자식, 형제, 자매와 같은 관계	혈연관계
62	하나의 사회 안에 여러 민족이나 국가의 문화가 섞인 것	다문화
63	쉽게 변하지 않는 생각	고정관념
64	부부가 모두 일을 하여 돈을 버는 것	맞벌이
65	아이를 키우는 데 필요한 돈	보육비
66	사람들이 안정적으로 사는 것을 돕기 위해 필요한 돈	복지비
67	자녀가 많은 것	다자녀
68	정보 등이 밖으로 나가 버리는 것	유출
69	부모나 학생이 외국에서 온 학생(다문화 학생을 포함)	이주 배경 학생
70	결혼하지 않는 것, 또는 그런 사람	비혼
71	사람이 정서적으로 안정감을 얻기 위해 기르는 동물	반려동물
72	옛날부터 전해 내려오는 습관	풍습
73	조상의 산소를 찾아가는 일	성묘
74	곡식이 잘 자라서 얻은 농작물이 많은 해	풍년
75	짐을 옮기거나 사람이 이동할 때 쓰는 수단	교통수단
76	배를 타거나 배가 머무를 수 있는 곳	항만
77	멀리 떨어진 사람에게 소식을 전할 때 쓰는 수단	통신수단
78	낮에는 연기, 밤에는 횃불로 소식을 전하는 것	봉수
79	인간과 비슷한 지능을 가진 컴퓨터 시스템	인공지능
80	길, 산, 강 등의 모습을 밑그림처럼 대강 그린 지도	백지도
81	지도에서 사용하는 기호와 기호의 뜻	범례
82	지도에서 사용하는 실제 거리를 줄여서 나타낸 정도	축척
83	지도에서 사용하는, 땅의 높이가 같은 곳을 연결한 선	등고선
84	여러 시설이 있고 사람들이 많이 모이는 곳	중심지
85	판소리 같은 예술, 장인들이 지닌 기술처럼 형태가 없는 문화유산	무형 문화유산
86	무너뜨리거나 깨뜨려 사용하지 못하게 함	훼손
87	사람을 만나 이야기하는 것	면담
88	욕구에 비해 자원이 부족한 상태	희소성
89	가장 적은 비용으로 가장 크게 만족하도록 선택하는 것	합리적 선택

90	A를 선택하여 포기하게 된 B의 값어치	기회비용
91	돈, 시간, 노력 등을 사용하는 것	소비
92	사람과 관련된 것을 서로 주고받는 것	인적 교류
93	학교의 일을 학교 구성원들이 스스로 잘 다스리는 것	학교 자치
94	주민들이 지역의 일에 끼어들어 관심을 두는 것	주민 참여
95	전 세계가 가까워지며 국가 간 경계가 무너지는 것	세계화
96	지역에서 생산되는 특별한 물건	특산물
97	비, 눈, 우박 등이 내린 물의 총량	강수량
98	사람이 사는 데 필요한 옷, 음식, 집을 묶어 가리키는 말	의식주
99	경제, 문화의 중심이 되며 사람들이 많이 모여 사는 곳	도시
100	보호하고 유지하는 것	보전

2 과학 어휘 100

1	물건의 무게를 잴 때 사용하는 기구	저울
2	막대의 하나의 점을 받침점으로 하여 물체를 움직일 수 있는 장치	지레
3	다른 생물을 먹으며, 움직일 수 있는 생물	동물
4	광합성을 통해 스스로 양분을 얻으며, 움직일 수 없는 생물	식물
5	여러 곳을 찾아 원하는 것을 여러 개 모으는 것	채집
6	생명을 가지고 사는 물체	생물
7	알에서 나온 지 얼마 되지 않아 다 자라지 않은 아기 벌레	애벌레
8	'알 - 애벌레 - 번데기 - 어른벌레'의 한살이 과정을 모두 거치는 것	완전탈바꿈
9	식물의 한살이 과정이 1년 동안 이루어지는 식물	한해살이
10	모양이 있어 공간을 차지하는 모든 것	물체
11	어떤 그릇에 담더라도 모양과 부피가 변하지 않는 물질의 상태	고체
12	어떤 그릇에 담느냐에 따라 모양은 변하더라도 부피는 변하지 않는 물질의 상태	액체
13	어떤 그릇에 담느냐에 따라 모양과 부피가 변하는 물질의 상태	기체
14	태양계에 속한, 사람이 사는 공 모양의 행성	지구
15	짠물이 없는 지구의 표면	육지

16	땅의 겉면, 땅의 표면	지표
17	염분이 없는 강, 호수의 물	민물
18	바닷물이 육지 쪽으로 밀려 들어오는 것	밀물
19	밀물 때 물에 잠기고, 썰물 때 진흙이 되는 땅	갯벌
20	한결같은 진동수의 소리를 내는 물건	소리굽쇠
21	미생물이 동물, 식물 안으로 들어가는 일	감염
22	몸에 있는 여러 가지 병	질병
23	클립, 못과 같이 철로 된 물체(쇳조각)를 끌어당기는 물체	자석
24	자석의 성질을 사용해 방위를 알려주는 도구	나침반
25	액체(물)의 표면에서 액체가 기체(수증기)로 변하는 현상	증발
26	기체 상태의 물	수증기
27	강이 시작되는 윗부분	상류
28	돌이나 바위가 물이나 파도에 의해 깎이는 것	침식
29	돌이나 바위가 햇빛이나 바람에 의해 부서지는 것	풍화
30	땅속에 있는 마그마나 가스가 지표로 터져 나와 만들어진 지형	화산
31	옛날에 살았던 동물과 식물의 흔적이 새겨져 있는 암석이나 지층	화석
32	화성암의 한 종류. 색깔은 밝고, 표면은 현무암보다 매끄러움	화강암
33	화산이 만들어질 때 나오는 빨간색의 뜨거운 액체	용암
34	둘 이상의 물질이 섞여 있는 것	혼합물
35	그늘진 땅, 오래된 나무 등에서 자라는 균류	버섯
36	호수나 하천, 늪에서 사는 초록색 머리카락 모양의 원생생물	해캄
37	지구 주위를 도는 공 모양의 물질 덩어리	달
38	위치나 상태의 변화	위상 변화
39	태양계의 중심이 되는 스스로 빛을 내는 별	태양
40	스스로 빛을 내지 못하며 중심 별의 주위를 도는 천체	행성
41	밤하늘에 떠 있는 별에 사람들이 만들어준 이름	별자리
42	지구가 지구의 자전축을 중심으로 하루에 한 바퀴씩 회전하는 운동	자전
43	동물이 살기 위해 먹는 먹을거리	먹이
44	매연, 먼지 등으로 인해 공기가 더러워지는 현상	대기오염
45	환경이 더러워지는 현상	환경오염
46	따뜻하고 차가운 정도를 숫자로 표시한 것	온도
47	지구를 둘러싸고 있는 색깔과 냄새가 없는 기체	공기

48	질소와 함께 공기를 이루고 있는 색깔과 냄새가 없는 기체	산소
49	오랜 시간 동안 나타난 기온, 강수량 등 날씨의 평균값	기후
50	많은 눈이 집중적으로 내리는 현상	폭설
51	어떤 물건의 무거운 정도	무게
52	비스듬하게 기울어진 면	빗면
53	종류에 따라서 나누는 것	분류
54	생물 같은 것들이 자리를 잡고 살아가는 것	서식
55	생긴 모양의 상태	생김새
56	동물이나 식물이 태어난 다음, 자손을 남기고 죽기까지의 과정	한살이
57	애벌레가 어른벌레로 변하는 중간 단계로 고치 속에 들어있는 벌레	번데기
58	완전탈바꿈 과정에서 번데기 단계를 거치지 않고 '알 - 애벌레 - 어른벌레'의 단계를 거치는 것	불완전탈바꿈
59	식물의 한살이 과정이 여러 해 동안 이루어지는 식물	여러해살이
60	물체 만드는 재료	물질
61	사물이나 현상이 존재하는 모양	상태
62	물체 또는 물질이 차지하는 공간의 크기	부피
63	물체 또는 물질이 차지하는 범위	공간
64	지구의 표면을 둘러싼 기체	대기
65	짠물이 없는 육지를 뺀 나머지 지구의 표면	바다
66	땅의 겉면의 생김새, 지표의 생김새	지형
67	염분이 있는 바다의 물	바닷물
68	바닷물이 바다 쪽으로 빠져나가는 것	썰물
69	갯벌을 가리키는 다른 말	펄
70	시끄러운 소리	소음
71	미생물이 생물 안으로 들어가 일으키는 병	감염병
72	전염병을 예방하기 위해 백신을 주사하는 것	예방접종
73	전류가 들어오고 나가는 양쪽 끝	극
74	자석이 가지고 있는 힘	자기력
75	끓는점 이상의 온도일 때 액체(물)의 표면과 내부에서 액체가 기체(수증기)로 변하는 현상	끓음
76	기체(수증기)가 액체(물)로 변하는 현상	응결
77	강의 아랫부분	하류
78	흙, 모래, 돌 등이 흐르는 물에 의해 옮겨지는 것	운반
79	흙, 모래, 돌 등의 알갱이들이 쌓이는 것	퇴적

80	지하에 있던 마그마가 땅의 겉면으로 뿜어져 나오는 것	화산활동
81	자갈, 모래처럼 알갱이의 크기가 다른 돌들이 층을 이루는 것	지층
82	화성암의 한 종류. 색깔은 어둡고, 표면이 거침	현무암
83	용암의 부스러기 중 알갱이가 작은 것	화산재
84	서로 나누어 떨어지게 하는 것	분리
85	습하거나 어두운 곳에서 자라는 균류	곰팡이
86	끝이 둥근 매우 작은 짚신 모양의 단세포 동물	짚신벌레
87	가장 바깥쪽 부분	표면
88	어떤 현상이 일어난 다음, 다시 그 현상이 일어나기까지의 기간	주기
89	태양과 태양을 중심으로 운동하는 천체들의 모음	태양계
90	스스로 빛을 내는 천체	별
91	지구 자전축의 북쪽과 가장 가까운 별	북극성
92	지구가 태양을 중심으로 일 년에 한 바퀴씩 회전하는 운동	공전
93	먹이 사슬이 얽혀 그물처럼 보이는 것	먹이그물
94	하천, 바다 등이 오염물질로 인해 더러워지는 현상	수질오염
95	사람들로 인해 흙과 땅이 더러워지는 현상	토양오염
96	두 개의 물체가 마주 보고 있을 때 누르는 힘	압력
97	공기의 5분의 4를 차지하는 색깔과 냄새가 없는 기체	질소
98	탄소가 완전히 연소할 때 생기는 색깔과 냄새가 없는 기체	이산화탄소
99	시간이 지나면서 기후가 변하는 것	기후변화
100	최고 기온이 33도를 넘는 매우 더운 현상	폭염